REFLEXIONS
SERIEUSES
ET IMPORTANTES
DE
ROBINSON CRUSOE.
Faites pendant les Avantures surprenantes de sa Vie.
AVEC
SA VISION
DU MONDE ANGELIQUE.
Traduites de l'Anglois.
TOME SIXIE'ME.

A AMSTERDAM,
Chez L'HONORE' & CHATELAIN.

M. DCC. XXI.

REFLEXIONS
SERIEUSES
ET IMPORTANTES
DE
ROBINSON CRUSOE.

Des differens sentimens en matiere de Religion.

L n'est possible qu'à la Divine Sagesse seule de savoir, pourquoi quelques parties de la Religion, qu'il nous a révélées, & qui doivent régler nos opinions, & les hommages qu'elle exige de nous, sont exprimées dans des termes équivoques, ou du moins susceptibles de différentes interprétations, dont quelques-unes doivent de nécessité, être fausses, & erronées.

Par quelle raison faut-il, que le Culte que nous devons à Dieu, ne soit pas un point

Tome VI. A aussi

aussi clair, dans le détail, qu'en général, & que tous les hommes persuadez qu'il faut rendre des hommages au Maître du Ciel, & de la Terre, soient pourtant si éloignez de convenir de la maniere dont il faut s'acquitter de ce devoir indispensable ? Comment est il possible que l'Esprit infaillible de Dieu, qui est l'unique Guide, qui nous conduit vers le Ciel, soufre que quelques-uns de ses Préceptes n'offrent pas à l'Esprit un sens unique, qui frappe tous les hommes de la même maniere ?

Si toutes les maximes de la Religion aussi bien celles qui regardent la Doctrine, que celles qui concernent les mœurs, avoient été exposées d'une maniere si claire, que tous les hommes de tous les Siécles, & de tous les Païs, en eussent dû former la même idée, alors, comme il n'y a qu'une porte du salut, où tous les hommes esperent d'arriver, il n'y auroit qu'une seule & unique route pour y arriver, ce qui auroit ôté au Genre humain mille sources de discordes cruelles, & indignes de la Religion, qui en est le motif.

Tout ce que nos foibles lumieres nous permettent de dire sur un cas si embarassant, & si mortifiant, c'est qu'il a plu à Dieu, qui est la Sagesse & la Justice même, & qui ne fait rien, qui ne soit juste & sage, d'en ordonner autrement, & de confondre par là la foible Sagesse des hommes, qui peuvent dire à cet égard, comme à celui des *tems & des saisons; Personne ne le sait.*

A préfent dans cet état d'incertitude, où nous nous trouvons, il arrive, que deux hommes croyant au même Dieu, profeſſant une même Foi, ſe confiant dans le même *Sauveur*, & tendant vers le même Ciel, ne peuvent pas s'accorder ſur la maniere d'aller vers le Ciel, d'adorer ce Dieu, & de mettre leur confiance dans ce Sauveur; ils n'ont pas la même idée de Dieu, du Ciel, du Sauveur, ni d'aucun article de la Religion Chrétienne.

Il eſt vrai que les differens degrez de lumieres naturelles & acquiſes ſont en partie cauſe de ces différentes conceptions, & il n'eſt pas poſſible que les hommes dirigez, dans leurs recherches, par des Guides plus ou moins éclairez, voyent tous les objets, dans un même jour.

Ce n'eſt pas tout; il arrive très ſouvent, que ceux qui ont le même degré de lumieres, n'ont pas les mêmes diſpoſitions de cœur, & qu'ils n'ont pas pour la Vérité un amour également pur & impartial. Trois hommes par exemple, examinent quelle notion ils doivent avoir de *la Trinité*, ou de quelque autre Dogme fondamental, & tous trois ſe réſolvent à conſulter là-deſſus l'Ecriture ſainte. Le premier lit avec une eſpece d'attention tous les paſſages, qui y ont du rapport, mais préoccupé de la premiere idée, qu'il en avoit formée, & à laquelle il a juré fidélité, pour ainſi dire, il force chacun de ces paſſages, à ſe conformer exactement avec cette

A 2   idée

idée chérie. De cette maniere il ne peut que se confirmer dans son sentiment ; il lui paroît si clair & si incontestable, que les preuves les plus fortes, ne le porteront jamais à y renoncer, & qu'il lui est impossible d'avoir bonne opinion, de tous ceux, qui conçoivent la chose d'une autre maniere: Il les traite d'ennemis obstinez de la saine Doctrine, dignes d'êtres chassez de l'Eglise, & d'être privez de la Communion, en un mot, il ne croit pas qu'ils méritent la moindre charité.

Un autre consulte les Livres sacrez, dans la même vûë, & dans de semblables dispositions ; il examine les mêmes passages, & il en conçoit des notions directement opposées à celles que l'autre y a cru puiser ; chaque texte lui semble donner à son opinion une nouvelle évidence, un nouveau degré de certitude ; son sentiment lui paroît si bien fondé, si certain & si incontestable, qu'il ne comprend pas, qu'on puisse en embrasser un autre, sans s'aveugler de propos déliberé, & sans être ennemi déclaré de l'Orthodoxie.

Le troisiéme parcourt les mêmes passages uniquement pour la forme, & sans se mettre extrêmement en peine d'y trouver la Verité ; il est bien aise pourtant d'avoir vû un peu ce dont il s'agit, quoique le succès de son examen réponde exactement à l'indifférence, avec laquelle il l'a commencé, & qu'il soit aussi incertain dans ses opinions, qu'il l'étoit auparavant.

Ces

Ces trois hommes seuls sont capables de remplir des Provinces entieres de controverses. Les deux premiers se rencontrent par hasard, & se croyant également sûrs de leur fait, ils sont également décisifs, également portez à soutenir leur sentiment avec la plus grande chaleur, & avec la derniere opiniâtreté. Les argumens font bientôt place aux invectives, ils s'emportent, se donnent des marques de mépris, se censurent, se damnent, & contractant une haine mortelle l'un contre l'autre, ils se persecutent avec fureur.

Le troisiéme, qui n'a pas daigné seulement faire les efforts nécessaires, pour s'instruire à fond de la question, & pour se déterminer à quelque sentiment fixe, se mocque de l'un & de l'autre ; il les traite de *Chrétiens enragez*, qui se déchirent pour un dogme, qui n'est pas nécessaire au salut & dont il n'est pas possible d'avoir une idée claire & distincte ; à son avis, ce sont des fous, qui se battent sur des chimeres, ou bien sur des questions, qui ne sauroient être décidées que dans le Ciel. C'est ainsi que les deux premiers viennent à se haïr, & à se persécuter, dans le temps que le troisiéme les méprise, & les tourne en ridicule.

Si les hommes pouvoient differer en opinions avec humilité, ils differeroient encore d'une maniere charitable ; mais quoique cette maniere d'embrasser des opinions opposées soit praticable dans les affaires politiques & civiles,

civiles, elle ne sauroit jamais l'être dans la Religion. Il semble qu'elle doive nécessairement payer tribut à une intempérance de l'Ame, qu'on confond avec le devoir, & qu'on honore du beau nom de *Zele*. C'est ce Zele malheureux, qui, comme une fiévre chaude, produit la rage & la fureur dans le cœur de ses Esclaves ; ce qui a fait dire à l'ingénieux Auteur de *Hudibras*.

Les sots humains, yvres, & foux de Zele
    Combattent avec passion
    Pour Madame Religion,
    Comme les Breteurs pour leur Belle.

Ce n'est pas là la destinée des Chrétiens seuls, quoiqu'ils y soient soûmis d'une maniere toute particuliere. Le Zele est ordinaire à tous ceux, qui font profession d'avoir un grand attachement pour ce qu'ils considerent comme la Religion véritable. Les Persans & les Turcs se haïssent mortellement à cause de leur opinion differente touchant les Successeurs de Mahomet. Autrefois une pareille haine regnoit parmi les Gentils, & les Juifs, & l'on sait qu'un Monarque Assyrien étoit assez persécuteur, pour jetter dans une fournaise ardente, ceux qui refusoient de se prosterner devant l'Image, qu'il avoit erigée pour être l'objet du Culte de toutes les Nations qu'il voyoit soumises à sa puissance. Dans l'Eglise primitive, rien n'étoit plus
fami-

familier que les persécutions, sous lesquelles on tâchoit à faire périr les Chrétiens. *Christianos ad Leones*, " jettez les Chrétiens aux Lions ", étoit un cri, qu'on entendoit presque tous les jours. Quand les Chrétiens se virent délivrez, de toutes ces cruautez barbares, par le Grand Constantin, ils ne joüirent pas long-temps de cette tranquillité, & leur propre zele les empêcha d'en goûter longtemps les douceurs. L'Arianisme s'éleva au milieu d'eux & partagea l'Empire en Factions, & l'Eglise en Schismes. Sous deux regnes consecutifs, les Ariens persécuterent les Orthodoxes, & les Orthodoxes à leur tour persécuterent les Ariens, avec la même fureur, dont tout le Corps des Chrétiens ensemble avoit été persécuté, peu d'années auparavant, par les Payens.

Depuis ces temps-là jusqu'à nos jours, la persécution a toûjours regné dans les differentes Sectes, à mesure que leur Zele étoit soûtenu par le pouvoir. Nous voyons encore dans tous les Païs du Monde une haine mortelle entre les Papistes & les Protestans, & quoique les premiers ayent porté leur fureur le plus loin, les derniers, qui véritablement n'y ont point employé le feu & le fer, ne peuvent pas dire néanmoins, qu'ils n'ont jamais rendu persécution pour persécution.

Combien de sang la guerre n'a-t-elle pas répandu dans l'Europe, au sujet des differentes Sectes qui partageoient l'Allemagne, jusqu'à ce que tous ces troubles furent appaisez par la Pacification générale de *Westphalie*, lorsque les Protestans ayant remporté les plus grands avantages, obtinrent l'établissement de leur Religion, & la liberté de conscience, dans toute l'étenduë de l'Empire. Depuis cette heureuse Epoque le Corps Protestant délivré de ses ennemis étrangers, s'est abandonné à un Zele, qui l'a rongé lui même. Les Luthériens, & les Calvinistes se sont persécutez les uns les autres, la charité s'est retirée d'entr'eux, & jusques dans nos jours les Luthériens ne permettent pas aux *Réformez Evangeliques*, c'est ainsi qu'ils appellent les Calvinistes, de faire dans leurs Villes l'exercice de leur Religion ; qui plus est, ils leur refusent d'être enterrez dans les Eglises Luthériennes.

J'évite de propos déliberé de parler de l'état où la Religion se trouve à cet égard autour de moi, & d'examiner les divisions malheureuses, qu'il y a entre les Anglois & les Ecossois, les Episcopaux, & les Presbyteriens, la Haute Eglise, & les *Non conformistes*. Je me contenterai de dire, qu'il est évident que toute cette discorde a sa source dans la négligence des uns à s'instruire soigneusement de la Vérité, & dans l'opiniâtreté des autres, à vouloir appuyer la Verité par la force. Si tous les hommes vouloient seulement répondre à leurs lumieres par leur conduite, & ne pas renoncer à la Vertu, &

à

à la Charité, pour l'amour des Dogmes, il seroit fort probable, que nous nous trouverions un jour tous dans le Ciel, malgré les differens chemins, que nous prenons, pour y parvenir.

Je considere toutes les semences de la discorde en matiere de Religion, comme la mauvaise herbe que Satan seme parmi le froment; l'on peut remarquer, que, quoique les Assyriens ayent persécuté les Juifs, & les Romains les Chrétiens, néanmoins dans le Païs où le Diable a su se ménager un Culte Divin, la persécution est très-peu en vogue. Le Diable joüit-là d'une domination paisible, & il est bien aise d'en éloigner toutes sortes de troubles; il ne souhaite aucune innovation, il est interessé à laisser les choses sur le même pied.

Mais dès qu'on parle d'avoir *d'autres Dieux devant sa face*, il cherche d'abord à prévenir ce malheur, en semant la division parmi ceux qui pourroient renverser son Empire; car il a de commun avec les autres Monarques, le desir de regner seul.

J'entrerois ici dans un détail d'une étenduë excessive, si je voulois seulement faire un dénombrement des differentes Sectes, qui se sont répandues dans nos Royaumes; ici dès que deux personnes different sur la moindre opinion, quelque peu importantes qu'elles soient, dans le moment comme St. Paul, & St. Pierre, ils se résistent en face l'un à l'autre,

&

& ils portent la dispute, & la discorde, qui en est une suite presque nécessaire, aussi loin qu'elles peuvent aller.

Ce n'est pas là proprement le sujet que j'ai résolu de traiter à present; je n'examinerai pas non plus, pourquoi il y a plus de différences marquées dans les sentimens, qui regardent la Religion, que dans les opinions, qui concernent toute autre matiere; ni pourquoi les disputes sur ces sortes de points, sont poussées avec plus de chaleur, que toutes les autres, & causent des haines plus irréconciliables. J'aime mieux examiner pourquoi les *querelles religieuses* sont plus fréquentes chez nous que dans les autres Païs.

Certainement nous avons une maniere toute particuliere de porter jusqu'aux derniers excès ces sortes de dissensions. La chose est évidente, puisque le nombre des Sectes differentes, est si grand dans notre patrie, qu'il n'y en a pas tant à beaucoup près dans tous les Païs Protestans ensemble.

La solution la meilleure, & la plus charitable que je puisse donner à cette difficulté, est une espece de compliment pour mes Compatriotes; & j'ose avancer que nous ne sommes partagez en tant de differentes *Communions* que parce que nous sommes plus dévouez à la Religion, que tous les autres Peuples; je veux dire, qu'en général nous nous faisons une occupation plus serieuse de pénétrer dans l'essence même de la Religion,

&

& d'en éxaminer la nature, & les principes; nous pesons plus attentivement les Raisons de tous les partis, & nous nous interessons plus tendrement dans les intérêts du Ciel & de nos Ames. Nous pensons avec raison, que rien ne nous est plus important que la Religion, & qu'il est de notre plus grand interêt de distinguer à cet égard la Verité d'avec l'Erreur, & de nous mettre dans une pleine certitude, & dans une ferme conviction, par rapport aux points fondamentaux. Ce n'est que ce dévouement extraordinaire pour la Religion qui nous rend jaloux de la Verité, qui nous fait pousser la fermeté jusqu'à l'obstination, & qui nous empêche de soûmettre notre jugement aux décisions du Clergé, comme il arrive dans d'autres Païs où les Peuples examinent avec plus d'indifférence ce qu'on les oblige de croire, & où ils paroissent se mettre peu en peine de la certitude de leurs opinions.

Je sai bien que des Etrangers se mettent dans l'Esprit, que la plûpart de nos querelles religieuses viennent de ce que nous sommes plus emportez, & plus furieux que les autres Nations, plus décisifs, & plus précipitez dans nos jugemens, moins charitables, moins patients, & plus fiers de notre propre autorité. Cette raison est, à mon avis, aussi fausse, qu'elle nous est desavantageuse. La véritable cause de cet inconvénient est, comme je l'ai déja dit, que nous sommes moins in-

indifferens que les autres Peuples pour les veritez de la Religion; nous ne nous contentons pas d'un examen fait à la legere; nous ne nous rendons pas à la fausse lueur d'une subtilité Scholastique, dont on se sert pour applanir les difficultez les plus épineuses. Nous voulons des raisons solides, des solutions tirées de la nature même des sujets. Nous sommes sérieusement occupez à chercher les Principes de notre Foi dans leur véritable source, & sachant que l'Ecriture Sainte est la grande regle de nos opinions & de notre conduite, nous y avons recours pour juger par nous mêmes de la véritable nature des sujets, dont il nous importe tant d'être bien instruits. Nous n'avons pas assez de Papisme, pour nous soûmettre aux décisions d'un prétendu Juge infaillible, ni assez de credulité pour acquiescer à celles de notre Clergé. Peut-être allons-nous à l'excès de ce côté-là, & nous fions nous trop à nos propres interprétations, même à l'égard de certaines matieres, sur lesquelles nous n'avons eu quelquefois ni les talens ni le loisir nécessaires de nous instruire.

Voila ce qui me paroît la véritable cause de la ferveur outrée de nos controverses, & de ce grand nombre de différentes branches, dans lesquelles nos Schismes nous ont divisez.

Il y a des personnes, qui veulent qu'on attribue cet inconvénient à l'affreuse confusion qui regnoit dans la Grande Bretagne,

pen-

pendant les sanglantes guerres civiles, qui durerent, depuis l'an 1640. jusqu'à 1656. & à la liberté qu'eurent nos Compatriotes durant ces troubles afreux, de professer ouvertement toutes sortes d'Opinions. Mais cette solution ne satisfait pas à la difficulté : la question est de savoir pourquoi ayant la liberté de professer toutes sortes d'Opinions, qui devroit être donnée à tous les hommes, ils s'en sont servis davantage que les autres Peuples, qui en jouissent aussi, pour se séparer dans un nombre infini de Sectes. C'est-là le véritable Etat de la question, & je crois en avoir donné la seule solution, qui sorte de la nature du sujet même.

Une autre difficulté, qui vaut bien la peine d'être examinée avec attention, roule sur les remedes, qu'il seroit possible d'employer contre cette maladie de la Religion. Pour aller à la source du mal, certaines gens pourroient nous conseiller d'avoir moins d'attachement pour la Religion, afin d'avoir moins de disputes sur ses différens points ; mais ce remede seroit pire que le mal. Il vaut infiniment mieux avoir toûjours present à l'esprit le véritable but de la Religion, l'humilité & la charité. Ces vertus nous inspireroient de la moderation, & si elles n'étoient pas capables de diminuer le nombre de nos Sectes, elles nous porteroient du moins à nous conduire dans nos disputes en gens polis & en Chrétiens. Si l'on entroit dans les controverses

verses avec un esprit de paix, avec un cœur tranquille, avec une tendresse fraternelle pour ceux, qui n'ont pas précisément les mêmes idées, que nous, il arriveroit très-souvent, que les mêmes Principes de Raison, qui sont communs à tous les hommes, les porteroient aux mêmes conséquences. Il est fort apparent même, que dans ce cas une grande varieté dans les opinions, ne produiroit qu'un petit nombre de Sectes, & que plusieurs sentimens, qui passeroient dans notre esprit pour erronez, ne nous obligeroient pas à nous séparer en différentes Communions.

J'avoue qu'il paroît y avoir quelque chose de rebutant dans ce que je soutiens ici, savoir que notre attachement pour la Religion, qui va plus loin que celui des autres Peuples, est l'origine du grand nombre de nos Sectes, & d'une espece d'esprit de persécution, qui les anime les unes & les autres. Il est triste encore de devoir soûtenir que nous, qui avons si peu de Religion, en avons encore plus que les autres Nations Chrétiennes; heureux, si nôtre supériorité à cet égard étoit d'une plus grande étenduë ! Elle est assez grande pour nous rendre plus capables, que les autres Peuples, de nous haïr les uns les autres, & il s'en faut de bien des degrez, qu'elle ne soit pas assez grande, pour nous lier avec nos Compatriotes par les plus tendres liens de la charité mutuelle.

Le degré de nôtre amour pour la Religion n'est

n'est qu'un triste milieu entre le Chrétien éclairé, & pleinement convaincu de la vérité de ses sentimens, par un examen raisonnable, & entre le Chrétien indifférent & plein d'une malheureuse sécurité par raport à ses plus grands intérêts. Je n'en dirai pas davantage, & je crois que ce que j'ai avancé sur ce sujet est suffisant pour donner une idée de l'origine de nos opinions variées à l'infini, sur les matieres de la Religion.

On me demandera peut-être encore où pourront finir nos fatales dissensions sur ces sujets importans. J'y pourrois répondre de plusieurs manieres très mortifiantes, sur tout si j'avois envie d'entrer dans de certains détails, mais j'aime mieux rendre ma réponse aussi générale & aussi charitable, qu'il m'est possible. J'espere que toutes ces querelles finiront dans le Ciel; C'est là que se termineront toutes ces animositez si contraires à la politesse, & à l'esprit de l'Evangile. C'est-là que nous donnerons la main à plusieurs Pécheurs reconciliez avec Dieu, dont nous abhorrons ici la societé. C'est-là que nous embrasserons maint *Publicain*, qui a été ici l'objet de nôtre mépris. C'est-là que nous verrons maint cœur froissé, que nous avons accablé ici par nos censures, par nos reproches, & par nos invectives, entiérement guéri par le Baume de Galaad, par le Sang de nôtre Rédempteur.

Nous verrons alors, qu'il y a eu d'autres Brebis que celles de nôtre bercail, qu'il y a eu d'autres routes vers le Ciel que celles, dont nous avons exclu les hommes, que plusieurs de ceux que nous avons excommuniez, ont été reçus dans la Communion de Christ, & qu'un grand nombre de ceux, que nous avons placez à la main gauche du Souverain Juge, ont un rang à sa droite. Nous verrons alors la plûpart des Sectes se réunir, & se réconcilier entierement. Le zele mal entendu n'exercera pas son Empire sur les Ames, & ne nous jettera plus dans le plus funeste aveuglement; vous n'accuserez plus d'hypocrisie une Vertu pure & sincere, & nous n'accorderons plus les honneurs de la véritable Pieté au fard imposteur d'un Phariteïsme adroitement menagé; chaque objet sera mis dans son vrai jour; du premier coup d'œil on en connoîtra la valeur réelle; personne n'aura la moindre envie de tromper, & personne ne sera sujet à être la dupe de l'imposture.

Dans ce séjour heureux de Paix & de Concorde, nous réparerons, par la plus vive tendresse, tout ce que nous aurons fait, & même pensé d'injurieux à nos Prochains; nous nous féliciterons mutuellement de nôtre commune félicité, & nous louerons à jamais la Bonté Divine, qui a reçu en grace ceux que nous avions rejettez, & qui a assigné dans la joye éternelle une place à ceux, à qui dans l'excès de nôtre orgueil, dans nôtre disette de charité, nous en avions fermé l'entrée.

Combien d'actions, dont nous n'avions

coirconsideré que l'extérieur, & que nous avions condamnées sur un examen superficiel, n'y verrons-nous pas récompensées par ce Juge infaillible, qui sait démêler les intentions les plus secrettes du cœur ? Plusieurs Opinions qui nous paroissent ici damnables, se trouveront parfaitement orthodoxes ; plusieurs notions qui par nos décisions téméraires s'étoient offertes à nôtre esprit comme contradictoires, nous paroîtront alors consistantes avec elles mêmes, & conformes à la Religion émanée de la *Fontaine de Verité*.

Alors tout l'embarras que nous donnent à présent les idées des choses invisibles cessera entiérement ; la Doctrine de l'immutabilité des Decrets Divins paroîtra parfaitement compatible, avec la Liberté de la Créature raisonnable ; on verra que ces Decrets sont stables & certains, & que cependant c'est avec fruit que les Fideles ont adressé au Ciel leurs prieres, pour éviter des maux, pour s'attirer des bénédictions, pour obtenir pardon, & pour détourner les fleaux, qui sembloient déja prêts à les accabler.

Si quelqu'un me demande pourquoi tous ces differens si scandaleux ne peuvent pas finir avant le temps, où nous serons transportez dans le séjour de la Paix, je lui réponds, qu'ils prendroient effectivement fin sur la terre, si les hommes étoient fortement convaincus, que toutes ces animositez finiront dans le Ciel. Mais de la maniere dont les Esprits sont faits,

faits, il n'est pas possible, que cette conviction soit générale. Les véritez les plus grandes & les plus évidentes ne font pas sur l'esprit de tout homme des impressions proportionnées à leur force & à leur poids, & par conséquent je ne vois pas le moindre degré de probabilité dans l'espérance de voir finir ces malheureuses discordes, avant que nos Ames soient dégagées de la matiere, & débarassées des préjugez & des passions.

Il y a encore un autre moyen de réconcilier les esprits divisez sur des points de la Religion, & la Providence s'en est servi très-souvent pour réparer les bréches qu'un zele mal-entendu avoit faites dans la charité Chrétienne. Ce moyen a été toûjours fort efficace, mais c'est un remede amer, qui ne fait son effet que de la maniere la plus douloureuse. On en conviendra facilement quand j'aurai dit que c'est la *Persécution*. La force de ce remede a bien paru dans l'Eglise primitive où la plus grande harmonie regnoit pendant tout le temps, qu'elle a soufert sous l'inhumanité des Empereurs Payens. S'il y avoit quelques opinions différentes, elles n'éclatoient pas par le Schisme, on s'écrivoit des Lettres les uns aux autres pour s'instruire mutuellement d'une maniere paisible, charitable, & fraternelle ; & l'on nommoit quelquefois des arbitres pour décider de ces sortes de différens. On ne savoit pas ce que c'étoit que d'excommunier des Eglises entieres, pour quel-

quelque vétille touchant la maniere de célébrer la Paque, & pour la question, *s'il faut rebaptiser les Pénitens.* Toute cette-lie de la Religion étoit consumée dans la fournaise de la persécution; la fureur des Tyrans retenoit les esprits dans l'humilité Chrétienne; les soufrances communes resserroient les liens de la charité, & tout le zéle se concentroit dans la noble fermeté d'essuier plûtôt les dernieres miseres, que de renoncer aux engagemens qu'on avoit pris avec le Sauveur du monde.

On a vu la même chose dans la Grande Bretagne au commencement de la Réformation. L'Evêque *Ridley*, & l'Evêque *Hooper*, l'un Episcopal, & l'autre Presbyterien, ou peu s'en faut, ayant eu des différens, qu'ils avoient poussé avec la derniere chaleur, & s'étant *résisté l'un à l'autre en face*, comme St. *Paul* & St. *Pierre*, se réconcilierent d'abord qu'ils se virent menacez du martyre. Leurs disputes finirent à la vûë du bucher qui les devoit mettre en cendres; ils comprirent qu'il étoit possible à l'un & à l'autre d'avoir un dévouement genereux & sincere pour les Véritez les plus importantes de la Religion, sans être du même sentiment sur quelques rites, & sur quelques cérémonies extérieures; ils s'écrivirent des Lettres consolantes, & ils devinrent Confesseurs également zelez, & Martyrs de la même Religion, qu'ils avoient en quelque sorte deshonorée, & troublée en se censurant mutuellement avec une

B 2 véhé-

véhémence, qui n'étoit pas proportionnée à la petitesse des sujets qui y avoient donné occasion.

Que tous ceux, qui sont capables de réfléchir attentivement sur un remede si rude, se ressouviennent que les *Chrétiens turbulens*, qui ont été reconciliez par la *persécution*, ont toujours trouvé dans leur conduite passée de puissans motifs de se demander pardon l'un à l'autre. Plus ils avoient échauffé leur zele par leurs passions, plus ils avoient choqué les devoirs de la charité par leurs censures, & par leurs reproches, & plus ils se sont attachez l'un à l'autre par les liens de la tendresse fraternelle. Marque certaine, que ce n'étoit ni leur Raison ni leur Pieté qui leur avoient inspiré leurs emportemens, & que toutes les Controverses poussées avec chaleur sur des points, qui dans l'esprit même de ceux qui disputent, ne passent point pour fondamentaux, ne servent à la fin qu'à couvrir de honte ceux qui s'y sont livrez inconsiderement.

De l'Excellence merveilleuse de la Religion, & de la Vertu négative.

LE langage de la *Vertu négative*, est le même que celui du Pharisien de l'Evangile, *Seigneur, je te rends graces*, &c. Elle n'a pour but qu'une criminelle & ridicule ostentation ; c'est une *poupée*, habillée richement &

& avec magnificence ; mais dépouillée de tous ses affiquets, ce n'est qu'une grossiere figure de bois uniquement propre à amuser les Enfans, & les fous. C'est l'unique base des espérances d'un Hypocrite, c'est un *masque* qu'on voudroit faire prendre pour un caractere réel. On ne s'en pare d'ordinaire que pour tromper les autres, mais à coup sûr, nous sommes toûjours par son moyen nos propres dupes.

La *Vertu négative* ne differe pas beaucoup du *Vice positif* sur tout chez ceux qui s'en servent de propos déliberé comme d'un masque pour en imposer aux autres, ou comme d'un broüillard pour s'aveugler eux-mêmes. Si quelqu'un de ceux qui sont dans ces tristes cas, vouloit bien examiner avec attention la véritable nature de la situation, où il se trouve, & la foible base sur laquelle il fonde la tranquillité de son esprit, il verroit qu'il n'est pas possible de s'imaginer une disposition plus malheureuse, pour sortir de ce Monde, & pour comparoître devant le Trône du Souverain Juge.

Pour en être persuadé, on n'a qu'à réfléchir sur l'opposition qu'il y avoit entre le *Pharisien* de l'Evangile, & le *Publicain*, qui étoit l'objet de son plus profond mépris. Nos gens à *Vertu négative*, ont une parfaite ressemblance avec le premier dans toute leur conduite ; toûjours occupez des Vices & des crimes d'autrui, toûjours prêts à se féliciter de
ne

ne pas donner dans les mêmes excès ; *Mon voisin est un yvrogne ; un de mes fermiers est un voleur, un tel Crocheteur jure comme un damné ; un tel richard se plaît dans la profanation, & dans le blasphême, le Commissaire de notre quartier est un Athée, un tel scelerat est devenu voleur de grand chemin, un tel petit maître de la Cour pousse la débauche, jusqu'aux derniers excès. Pour moi tout enveloppé de ma Vertu Negative, je vis d'une maniere sobre, réguliere & retirée ; je suis véritablement Honnête-homme, & homme de bien, je ne m'empare du bien de personne ; personne ne m'a jamais entendu jurer, jamais un mot scandaleux n'est sorti de ma bouche ; j'ai toûjours soin d'éviter dans mes discours la profanation & l'obscenité, & l'on me voit tous les Dimanches dans mon banc à l'Eglise. Seigneur, je te remercie de ce que je ne suis ni débauché, ni voleur, ni assassin.* Supposons, que tous les éloges que ce Saint Homme se prodigue de cette maniere soient véritables ; il n'y gagne pas grand'chose, à mon avis il vaudroit mieux pour lui, qu'il fut coupable d'une de ces habitudes criminelles, & même de toutes ensemble que de fonder une securité malheureuse, sur son *inaction* qu'il confond avec les devoirs les plus essentiels du Christianisme.

La plûpart des scelerats savent jusqu'à quel point ils sont criminels ; de temps en temps leur conscience leur reproche les horreurs de leur conduite, & ils rendent quelquefois hom-

hommage à la Vertu par des remords passagers. Dans l'état où ils se trouvent il est très-possible que leur conscience se réveille tout-à-fait, & les porte à une repentance sincere, dont la vivacité soit proportionnée à l'énormité de leurs crimes. Il est vrai que bien souvent Dieu libre distributeur de ses graces traite ces scelerats avec la derniere rigueur ; que pour les punir il leur permet de se livrer à des forfaits nouveaux, & qu'il les arrête à la fin dans leur carriere criminelle par une mort, qui ne leur donne pas le loisir de réfléchir sur leur triste situation ; par conséquent la préférence que je leur donne ici sur un homme *négativement vertueux*, ne doit animer personne à se jetter à corps perdu dans un goufre de crimes. Qu'ils considerent encore, que ceux de cette malheureuse Classe d'hommes, s'ils se repentent de leurs actions affreuses, ne s'en repentent d'ordinaire que tard, & qu'ils ne sont portez à se jetter devant le Trône de Grace, que par la plus déplorable adversité, & souvent même par l'appareil du dernier supplice.

Cependant quelques coupables, que puissent être ces malheureux, il est certain qu'en péchant ils sont persuadez, qu'ils péchent, & qu'ils sont dans un état, où de fortes exhortations peuvent les porter à un repentir vif & sincere. Le *Chrétien négatif*, au contraire, est plein de lui-même, satisfait de sa sainteté, s'il pense à quelque devoir de la Religion, c'est lors-

lorsque de temps en temps il se jette à genoux pour remercier Dieu de ce qu'il n'a besoin ni de sa protection, ni du secours de sa Grace. Ce leger hommage, qu'il paye à la Divinité, est un *Opium*, qui acheve de l'endormir dans la securité. Il y a de l'apparence, qu'il ne se réveillera jamais de cette profonde léthargie, qu'elle l'accompagnera dans le passage de cette Vie à l'Eternité, & qu'il ne se desabusera de sa sainteté prétenduë, que lorsqu'il se verra environné de cette lumiere pure, qui découvre la nature véritable, & la valeur réelle de toutes choses. C'est là qu'il verra trop tard, qu'il n'a rien négligé pour se duper soi-même, & qu'enfermé par son propre orgueil dans un épais nuage de *Vertus Négatives*, il a travaillé à se détruire *positivement* & à se précipiter dans un gouffre de malheurs éternels, dont la *réalité* ne lui sera que trop sensible.

Qu'on se persuade une fois pour toutes, que je ne songe ici, qu'à tracer un caractere, & que je n'ai pas la moindre intention de l'appliquer à qui que ce soit, la matiere est trop grave, & trop mortifiante pour me fournir un sujet de Satyre licencieuse. Je prie seulement ceux qui sont capables de sentir que c'est leur caractere, que je dépeins, de se tirer au plus vite d'une situation si dangereuse, & je conjure les personnes, qui sont menacées par leur vanité, d'être jettez contre cet écueil, de l'éviter en prenant l'humilité pour leur Pilote.   J'ai

J'ai remarqué, qu'un nombre de personnes tombent dans ce malheur par la satisfaction excessive, que leur donnent les éloges de leur prochain, & l'idée avantageuse de leur caractere qu'ils voyent établie dans l'imagination de ceux qu'ils fréquentent. Il est vrai, que dans plusieurs cas une bonne réputation est un *oignement précieux*, & un bien préferable à la vie même ; mais alors c'est une bonne réputation fondée sur un *mérite réel* ; sans la Vertu, qui est la seule source légitime de la réputation, ce n'est qu'une Courtisane fardée, qui cache un amas de maladies, & de corruption, sous un air de fraîcheur & de santé.

Dans un Siécle aussi abâtardi que le nôtre, il vaut infiniment mieux, avec un cœur pur & innocent, être le but général de la calomnie des hommes, que de s'en attirer les fausses louanges, par un merite superficiel. Qu'importe à un homme de bien de se voir méprisé par une populace méprisable, pourvu qu'en jettant les yeux sur lui-même, il y trouve dequoi se consoler & qu'en les tournant vers le Ciel, il y découvre le centre de toutes ses esperances.

– – – – *Hic murus aheneus esto,*
Nil conscire sibi, nulla pallescere culpa.
  Hor. Lib. I. Ep. I. 61.

  Le Sage est dans l'indépendance
  Des discours du Peuple malin.

Son merite & son innocence
L'entourent comme un mur d'airain.

Il est vrai qu'il faut une fermeté invincible, & un courage infini, pour soûtenir généreusement les mépris, & les calomnies du public; j'aimerois mieux pourtant que ce fut là mon sort dans le Monde, pourvu que je pusse joüir de la satisfaction essentielle à la Vertu & au témoignage d'une bonne conscience, que d'être du nombre de ces gens à *Vertu Négative*, que tout le Monde caresse par des éloges flatteurs, mais qui sont vuides de tout merite réel, & que leur vanité abîme dans des illusions perpétuelles. Leur seul plaisir, leur satisfaction la plus vive consiste, à détourner leurs yeux d'eux-mêmes, & à s'aller chercher dans l'imagination d'autrui, pour y caresser l'idée chimérique de leur caractere.

Dans le grand jour, que la Providence a destiné pour exposer à la lumiere les secrets les plus cachez des cœurs, nous verrons toutes les idées, que nous avons les uns des autres, parfaitement rectifiées; nous aurons tout le loisir de découvrir la fausseté & la témérité des jugemens, que nous avons formé des caracteres du prochain; nous verrons couronnez d'une gloire permanente plusieurs de ceux, que notre précipitation a condamnez à la honte, & aux ténebres éternelles; nous verrons plus d'un Hypocrite fardé, qui traite ici les autres de Publicains, & qui leur dit : *Retire toi d'ici, car je suis plus saint que toi*, dépouillé de son masque de sainteté, envier le triomphe de ceux, qui avoient été l'objet de son orgueilleux mépris.

Voilà une source féconde de consolations pour l'homme de bien dans le temps même, que ses ennemis, comme s'exprime David, *grincent des dents contre lui, & l'ont en dérision.*

Bienheureux le mortel, dont la Vertu sublime
Sait se mettre au-dessus d'une frivole estime ;
Il voit d'un œil content des riches insensez
A l'abri du bonheur par la foule encensez,
Tandis qu'armant son Cœur d'un généreux courage
Il soutient du vil Peuple outrage sur outrage :
Il joüit en secret de la tranquillité
Que répand en son Cœur l'aimable Pieté,
Et sans placer son nom au Temple de mémoire ;
Il trouve en sa Vertu la source de sa gloire.
Ainsi l'Astre du jour, lorsque de toutes parts
Ses feux sont absorbez par les plus noirs brouillards,
A travers ces Vapeurs acheve sa carriere
Et sait se couronner de sa propre lumiere.

Bien souvent les éloges, qu'on donne liberalement à cette espece d'Honnêtes gens, qui sont le sujet de ce discours ne sont que des *éloges négatifs* ; mais comme ces sortes de louanges sont incapables de donner une satisfaction réelle à des personnes, qui réfléchissent un peu, il est certain aussi, que la *Vertu Négative* n'a pas la force néceſſaire, pour ſoutenir une Ame accablée ſous le poids d'un mépris univerſel. Il eſt plus malheureux de donner du *ſcandale*, que de s'attirer de la *Calomnie*. Le premier a pour baſe des fautes véritables, & la ſeconde attaque toûjours l'innocence; rien ne donne du ſcandale, que ce qui eſt vrai, rien n'eſt l'objet de la calomnie, que ce qui eſt faux.

Pour ſe fortifier contre les attaques du mépris général de tout un Peuple, il faut pouvoir ſe retrancher dans une Vertu réelle, & ſolide, il faut qu'on ſe ſente ſoutenu par la juſtice, & par l'intégrité. Il n'y a qu'un fond de merite véritable, dont on puiſſe tirer du ſecours, quand on a le malheur de paſſer pour n'avoir dans le caractere rien qui ne ſoit vicieux. Je ne veux pas dire par là, qu'il faut être parfait, pour ne pas plier ſous de telles attaques, qu'il faut n'être pas coupable de la moindre extravagance & du moindre foible. Si cette ſuppoſition étoit vraye, où ſeroit l'homme qui pût tenir ferme contre la mauvaiſe réputation ? La perfection n'eſt pas compatible avec nôtre malheureuſe Nature; la véritable maniere dont les autres doivent juger de nous, & dont nous devons juger de nous mêmes, c'eſt de prendre garde *au tiſſu général de nos actions, à la ſuite entiere de nôtre conduite*, & l'on peut hardiment ſe croire Honnête-homme, malgré quelques fautes, qu'on trouve par-ci par-là dans toute la trame de sa vie. Comme chaque bonne action ne nous met pas en droit de nous arroger le titre d'homme de bien, chaque extravagance, chaque mauvaise action particuliere, ne nous doit pas faire passer non plus ni dans l'esprit des autres, ni dans nôtre propre esprit, pour un malhonnête-homme & pour un scelerat. Cette regle est tellement certaine, que si elle ne devoit pas être admise, les plus grands Saints dont les Livres sacrez nous parlent, n'auroient été que des miserables, & l'homme de bien ne seroit qu'un *Etre de Raison*, *qu'une chimere*.

Entrons un peu plus avant dans le caractere du *Chrétien Négatif*, & distinguons la conduite, qu'il tient en public, d'avec sa maniere de vivre, quand il est dans le particulier. Il est vrai qu'il n'est pas yvrogne, mais il est enyvré de l'orgueil, qu'il tire de la réputation qu'il s'est ménagée d'être un homme tempérant, & sobre. Il est bon voisin, il est l'arbitre & le Pacificateur des querelles, qui s'élevent dans les autres familles, mais c'est un tyran insupportable dans son propre domestique. Il se donne en spectacle dans les lieux destinez au service Divin, mais jamais il n'entre dans son Cabinet, pour adresser là ses prieres à celui *qui le voit en secret*. Il est tout brillant de cette charité, qui ne sert qu'à l'ostentation ; & s'il fait ses aumônes en secret, c'est d'une manière à faire publier par toute la Ville, *qu'il fait des aumônes en secret*. Il s'acquitte avec la plus grande ardeur des devoirs, qui nous sont prescrits dans la seconde Table du Décalogue, mais il ne se met point en peine de la *première*. Il affecte un air de pieté & de Dévotion, pour que les hommes y prennent garde, & l'ardmirent ; mais son Ame n'a pas le moindre commerce avec Dieu. Il ne sait qu'à peine, ce que c'est que la *Foi, la Repentance, & cette retraite d'une Ame*, qui s'unit à la Divinité par la Méditation. En un mot, c'est un homme parfaitement régulier dans les circonstances exterieures de la Religion, mais l'essence lui en est parfaitement étrangere.

Quelles idées un tel homme est-il capable de former des heures qu'il a mal employées, & du reflux de tous les instans de sa vie dans ce goufre du temps, l'*Eternité* ? Est-il en état de connoître la valeur du temps, & d'y répondre par l'utilité d'une réflexion sérieuse & solide ? Sait-il y proportionner l'activité naturelle de son Ame, comme un homme, qui en devra un jour rendre compte ? Helas ! c'est là la moindre de ces inquiétudes ; il est trop rempli de lui même, trop occupé de son merite & de sa réputation pour former de semblables pensées. Il s'est si fortement mis dans l'esprit, qu'il est irréprochable de toutes les manieres, qu'il croit inutile de porter sa méditation sur

un

un jugement à venir, & sur une *Eternité*.

Un homme, dont toutes les pensées sont enflées de son cher individu, de son précieux moi, peut-il tirer son ame de ces bornes étroites, & se donner carriere sur une durée éternelle, sujet si immense, & si inconcevable ? S'il le pouvoit, s'il étoit en état de former quelque idée d'une vie future, il lui seroit impossible de continuer à s'abandonner à l'assoupissement voluptueux, où il s'est jetté par la grande opinion, qu'il a de lui même. Le moyen de se mettre dans l'esprit, que dans le court espace de cette vie, qui n'est qu'un moment réel, comparé à l'Eternité, on puisse faire quelque chose, qui merite une felicité, qui ne sauroit être bornée par le temps ?

Si toutes nos actions les plus vertueuses ne sont pas proportionnées à cette récompense infinie, rien n'est plus absurde, que de croire s'en rendre digne par l'inaction d'une *Vertu négative*. C'est à la vûë de l'Eternité par conséquent que tout l'orgueil du Pharisien doit disparoître; *la Vertu négative*, la Vertu réelle même ne sont rien ici ; nôtre bonheur éternel ne sauroit avoir pour sa source qu'une bonté infinie, qui pour nous récompenser se consulte soi-même, & qui sans avoir égard à nôtre mérite, se proportionne à sa propre grandeur. *Etre jugez selon nos œuvres*, si l'on entend ces expressions à la lettre ne signifie qu'*être condamnez.* Heureusement nous ne serons jugez, que par la sincerité de nôtre repentance, qui sera récompensée, non pas à proportion de son merite réel, mais à proportion de la bonté divine, & du merite infini de Jesus-Christ.

Je le repete: L'Eternité n'est pas un sujet propre à s'attirer les réflexions d'un *homme à Vertu négative.* Il est trop étendu pour une imagination dessechée par l'amour propre, & quand cette Eternité se presentera un jour à son esprit desabusé, elle sera aussi peu la source de sa consolation, qu'elle aura été l'objet de ses pensées.

Cette idée de l'Eternité m'échauffe l'esprit & le remplit tout d'un coup d'un si grand nombre d'images, qu'il m'est impossible de me point livrer à une digression sur une matiere si noble. Si le sujet ne déplaît pas à mes Lecteurs, ils me pardonneront sans peine l'écart qu'elle me force de faire.

L'ETERNITE'.

Sujet effrayant & sublime,
Dont l'immensité me confond !
Goufre, où l'Esprit se perd, inconcevable abîme !
Quelles couleurs te dépeindront !

Du Temps, qui passe, Mer profonde !
Tout âge sort de toi, tout siécle y doit finir ;
Tombeau futur de notre Monde !
Source des Mondes à venir.

Finis ;

Finir, commencer, mourir, vivre,
S'arrêter, differer, poursuivre,
Ne sont chez toi que mots vuides de sens;
Tout incident de la Nature,
Les temps passez, l'existence future
En toi comme en un point concentrent leurs
   instans.

Heures, & jours, semaines, mois, années,
   L'un sur l'autre accumulez-vous,
   Courez remplir vos destinées,
   Par votre nombre étonnez-nous.

   Quelle suite prodigieuse!
   En vain l'Algebre ingénieuse
   Dans ce calcul veut s'abîmer;
Mais qu'êtes-vous au prix de la durée immense
   Dont vous tirâtes la naissance?
   Vous ne sauriez seulement l'entamer.

   Ces nobles faits, fruits des cœurs intrépides,
      Periront avec les Heros.
Mille Réflexions brillantes, & solides,
      Suivront leurs Auteurs aux tombeaux:
Cette Immortalité dont leur Ame est superbe,
      N'est auprès de l'Eternité,
Que le moindre ruisseau, qui se traînant sus
   l'herbe,
Se perd dans l'Ocean, où son cours l'a porté.

Durables Monumens, orgueilleux Mausolées,
En vain vos fondemens & de marbre, & d'airain
Prétendent-ils porter aux races reculées
La gloire ou bien l'orgueil du Grec & du Ro-
   main!
   Vous passerez tous, comme un ombre.
   L'Eternité dans sa nûit sombre.

De

De mille Etres paſſez, Cahos triſte & confus,
Confond ce qui n'eſt point, avec ce qui n'eſt plus.

  Eh pourquoi donc avec tant de foibleſſe,
Te livres-tu, mon Ame, à ton affliction ?
  Pourquoi d'une langue traîtreſſe
  Crains-tu la perſécution ?
Attache-toi ſans trouble à la Sageſſe auſtere ;
  Mépriſe un moment de miſere ;
Perce de l'avenir le voile redouté,
  Que de tes douleurs la durée
  A l'infini ſoit meſurée ;
Croi, que ce qui finit n'a jamais exiſté.

Que du ſouverain bien la ſolide eſperance
  T'arme d'une noble conſtance,
Bientôt tu recevras de l'immortalité
  La ſuprême félicité,
  Et la veritable exiſtence.

Je reviens à mon homme à *Vertu négative*, & je le veux ſuppoſer un moment capable de porter ſa vue ſur la vie à venir. Il ne la ſauroit contempler ſans horreur, & ſans la plus grande inquiétude, ſemblable à *Felix* Gouverneur de la Paleſtine, quand St. *Paul* lui parla des Vertus Chrétiennes, & du dernier Jugement. Ce Romain, ſi je ſai bien developper ſon caractere, doit avoir été un de ces *Sages Négatifs* dont le Paganiſme abondoit, & cependant les paroles de St. *Paul* le firent friſſonner. Quoique je ne me pique pas d'être grand Theologien, voici comme je croi, qu'il faut expliquer ce paſſage.

Felix

Felix étoit sans doute un Philosophe, aussi bien qu'un homme mis au premier rang par la faveur de son Maître. Le respect qu'il avoit pour les Dieux, en quoi consistoit parmi les sages Payens presque toute la Religion, l'avoit porté à la Justice, & à la Temperance, comme à une conduite, qui devoit être récompensée par la félicité des Champs Elysées ; car l'idée générale des Payens d'alors étoit que les Dieux étoient les Rémunerateurs de la Vertu.

Mais quand l'Apôtre entra en conversation avec lui sur les grandes Veritez de notre Religion, il ne lui fut pas difficile de le désabuser de la haute idée de son propre merite. Il lui fit voir, qu'il n'est pas possible que la Divinité nous soit redevable par la pratique de la Vertu ; qu'une vie sobre & tempérante porte sa récompense avec soi, en procurant à l'homme un corps sain & tous les dispositions nécessaires, pour jouïr comme il faut d'une félicité presente. Il lui prouva qu'un bonheur éternel & sans bornes ne peut avoir pour source que la bonté illimitée d'un Dieu, qui, malgré sa Justice offensée par nos crimes, a établi un Tribunal de Grace, où JESUS-CHRIST, que St. *Paul* prêchoit, assignera une gloire éternelle à ces cœurs froissez, qui se condamnant eux-mêmes, & se repentant vivement de leurs pechez, ont reçû l'esprit d'adoption, qui seul est capable de les unir à leur Rédempteur.

Certainement Felix ne pouvoit que trembler à la vûë de ces Veritez mortifiantes; il vit sans doute, que sa Temperance, sa Justice, & toute sa Philosophie, quand elles auroient été d'une étendue infiniment plus grande, ne devoient être d'aucun poids, devant le Tribunal de la Justice Divine, & que bien loin de lui attirer des récompenses, elles n'étoient pas capables de l'arracher aux plus grands suplices.

Quelle étrange idée devoit avoir de Dieu ce *Pharisien*, qui entra dans le Temple avec le Publicain, pour adresser ses Prieres à la Divinité. Il est remarquable, qu'il y entra d'un air assuré, sans avoir le moindre dessein de poser quelque Offrande sur l'Autel, ou de faire un aveu de ses péchez, en faisant quelque Sacrifice; du moins les Livres sacrez ne font mention dans cet endroit ni de Victime, ni de Prêtre. Il n'avoit pas besoin de tout cet attirail superflu; ce saint homme n'avoit commis rien, qui dût l'exciter à demander pardon à Dieu; il n'approchoit de l'Autel que pour *solder ses comptes avec la Divinité*, & pour lui montrer qu'il étoit tout au moins quitte avec le Ciel Semblable à cet autre Pharisien, dont il est parlé dans l'Evangile, il raconta à Dieu que dès sa jeunesse il avoit rempli toute la Loi; il en rend graces d'une maniere cavaliere, & il s'en retourne chez lui avec toute la tranquillité qu'une Sainteté parfaite doit répandre dans une Ame. Pour

Pour le pauvre Publicain, que cet Hypocrite avoit méprisé, & qui étoit resté en arriere n'osant approcher du Lieu saint, il fit un personnage bien différent. Il est vrai que par un principe de devoir il avoit d'abord résolu d'aller au Temple, mais quand il vit ce Bâtiment superbe, séjour de la Divinité, & representation vive de sa Gloire. frappé d'une horreur religieuse, il entra dans son cœur, & n'ayant pas pour se rassurer, la moindre ressource dans une *Vertu négative*, ni dans quelques actes de Pieté exterieure, il s'arrête tout court ; il n'a pas le courage d'entrer dans cet auguste Lieu, il porte sa réflexion sur ses péchez, & profondément humilié par le triste état de son Ame, il baisse ses yeux vers la Terre, dans le temps qu'il éleve son Ame vers le Ciel, avec une Foi vive, accompagnée d'une sincere repentance : *Seigneur*, dit-il, *ayez pitié de moi miserable Pécheur*.

La confession des péchez, la Foi, la Repentance, l'humilité, le plus profond respect pour Dieu, en un mot, toutes les Vertus Chrétiennes étoient jointes dans ce seul acte ; aussi ce seul acte de Pieté lui obtint-il grace devant le Tribunal de la Divine Misericorde. Il *s'en retourna justifié*. Le Pharisien au contraire, rentra dans sa maison avec la même haute opinion de son merite, avec la même vanité, en un mot, avec cette même Vertu orgueilleuse, qui mettoit le comble à ses pechez. De

De quelles couleurs grandes & nobles l'Ecriture Sainte ne dépeint-elle pas par tout la Foi & la Répentance, ces deux Vertus, qui se tiennent toûjours par la main, & qui sont absolument inséparables ? Jamais les Livres sacrez ne nous parlent de la Foi, sans en tracer un portrait également propre à lui attirer notre admiration, & notre amour. Cette Vertu est la pierre angulaire de tout l'Edifice du Christianisme ; elle guide, & elle soûtient le Chrétien dans son voyage par ce Monde, & elle l'introduit dans cette Vie, où elle n'aura plus lieu ; en un mot, la Foi est l'essence & la baze de toute la Religion, que l'Evangile nous enseigne.

La veritable Religion a eu trois differentes bazes, en trois Périodes differens, mais ses trois Regles essentielles ont eu toûjours le même but ; savoir *la Vie*, ou le bonheur éternel.

La premiere Regle fut donnée à Adam dans le Paradis terrestre ; les termes en étoient : *Abstenez-vous, & vivez.*

La seconde fut prescrite aux Enfans d'Israël, lorsqu'ils reçurent la Loi de la main de Dieu ; elle étoit exprimée ainsi : *faites, & vivez.*

Enfin la troisiéme est la Régle fondamentale de JESUS-CHRIST, dont tous les préceptes aboutissent au commandement que voici : *Croyez & vivez.*

La Foi fait par conséquent toute la substance de la Doctrine Evangelique ; elle établit notre Justice, ou plûtôt elle nous approprie la Justice de notre Rédempteur ; c'est le grand & l'unique moyen de participer au merite de JESUS-CHRIST, & de nous assurer l'effet de toutes ses promesses.

Si ce que je viens dire est une verité constante, qu'il est impossible de révoquer en doute, à tous ceux qui admettent la Divinité de l'Evangile, dont toutes les parties concourent à l'établir, quelle consolation peut-elle apporter à un *Chrétien négatif* ? Il n'y a pas plus de *Religion négative* dans le Systême de la Foi, qu'il y a de Foi, dans le plan d'une *Religion négative*.

Conduisons à present vers son lit de mort un *Chrétien négatif*, vuide d'idées véritables & sensées de la Religion, & plein d'idées fausses de sa Vertu. Supposons qu'il entre en conversation sur son état avec un homme vertueux, qui connoisse le veritable esprit de l'Evangile. Si cet homme pieux conforme ses discours à cet Esprit de la Religion Chrétienne, & s'il tire par là le moribond de ses notions favorites, il remplit son esprit de confusion, & son cœur de troubles ; il lui tient un langage à peu près incomprehensible. Le malade ne sait plus où il en est. Dès qu'il ne peut pas nager sur les vestiges de ses *Vertus négatives*, il noye dans le
mo-

moment même. Il arrive aussi quelquefois qu'un malheureux de cette espece rejette de pareils raisonnemens, qui sont tout-à-fait étrangers à sa maniere de concevoir les choses les plus interressantes, & qu'il se tient collé à son orgueil fondé sur une si foible Baze. Il est semblable à ce noble Polonois, qu'on executa il y a quelque temps, pour avoir assassiné un Gentilhomme Anglois; quand le Ministre lui parloit de la repentance, & du merite de Jesus-Christ, il répondoit, qu'il étoit d'une des plus illustres Familles de sa Patrie, & qu'il esperoit que Dieu auroit quelques égards pour un homme de sa naissance.

De quelle maniere se conduira un Ecclesiastique pieux, & raisonnable, quand il s'agira de prier Dieu, pour un de ces orgueilleux pécheurs, qui dans peu de momens doit comparoître devant le Thrône du Maître du Monde? Dira t'il; *Seigneur, reçois dans ton Ciel l'Ame de cet honnête homme, il n'a été ni yvrogne, ni adultere, ni blasphémateur; il a donné des marques de justice, & de charité; il a fait du bien à son Prochain, jamais il n'a fait tort à personne de propos déliberé, & il n'a point donné dans ces irrégularitez excessives, que la mode du siécle autorise; Seigneur, aye pitié de cet homme vertueux, de ce Chrétien si digne des récompenses, que tu as attachées à la pratique de la Pieté?*

Une

Une semblable Priere ne feroit que le confirmer dans sa situation déplorable ; un Ministre bien instruit dans les devoirs sacrez de sa Charge, plein de zèle pour la gloire de Dieu, & pour le Salut des hommes s'y prendra de toute une autre maniere, il ne négligera rien pour découvrir à soi même ce pauvre pécheur, qui a travaillé pendant toute sa vie à se jetter dans une agréable, mais dangereuse illusion. Il lui fait sentir, qu'il n'a rien de recommandable dans lui même, & qu'il n'est qu'un pauvre ver de terre, dont l'unique ressource est de se jetter avec humilité entre les mains d'un Sauveur dont les Misericordes sont infinies.

Dans ce triste Période de la vie, la *Vertu négative* doit faire naufrage, pour que le pécheur soit sauvé.

CHAPITRE V.

De la necessité d'écouter la Voix de la Providence.

LEs hommes ont une paresse naturelle, qui les empêche d'examiner à fond ce qu'ils doivent à eux-mêmes, & à la Divinité. C'est une étude, dans laquelle nous n'entrons, qu'avec répugnance, & nous sommes charmez d'y rencontrer quelque difficulté considerable, qui nous fournisse une raison plausible d'arrêter tout court nos recherches.

Par là il arrive, que les hommes les plus éclairez & les plus capables de réussir dans cet examen se trompent sur la nature des devoirs de la Religion, & qu'ils se contentent de quelques notions superficielles, ce qui les prive des avantages considerables qu'ils pourroient tirer d'un examen plus soigneux & plus profond. Ils s'imaginent qu'une connoissance generale des principes de nos devoirs suffit pour leur enseigner le chemin du Salut sans se mettre en peine de tous les secours, qu'une recherche poussée plus avant leur pourroit donner pour applanir, & pour rendre plus agréable le sentier étroit, qui mene à la félicité éternelle.

SALOMON étoit d'une opinion bien differente, quand il ordonna aux hommes *de crier*

crier pour la Sageſſe, & d'élever la voix pour l'Intelligence, de creuſer pour elle comme pour de l'argent, & de la chercher, comme un Threſor caché. Il eſt certain que ſon but étoit de parler de la connoiſſance de la Religion, qui eſt la ſeule ſalutaire. Pour en être perſuadé, on n'a qu'à conſulter les paroles ſuivantes, par leſquelles ce ſage Roi anime les hommes à ces recherches utiles. *Alors* dit-il, *vous comprendrez la crainte du Seigneur, & vous trouverez la connoiſſance de Dieu.*

Pour moi, je croi fortement que c'eſt pour nous un devoir indiſpenſable, dans la carriere, que nous avons à courir dans ce monde de tâcher à penetrer dans toutes les parties de la connoiſſance de la Religion, qui ſont proportionées aux bornes d'un eſprit fini. S'arrêter dans ces recherches utiles, à cauſe de quelque difficulté, qui s'applaniroit devant une attention plus forte, c'eſt reſſembler au pareſſeux de SALOMON. Pour ſe dérober au travail, il dit *qu'il y a un Lion dans les ruës, & qu'il ſera tué s'il ſort de ſa maiſon.* De la même maniere celui, dont l'imagination groſſit les difficultez de l'examen, pour avoir une occaſion de s'en diſpenſer, ſe forge des chimeres, qui l'effrayent, afin d'avoir un motif plauſible pour ſe livrer à ſon indolence, & pour reſter dans les ténebres, qui l'environnent.

Animons-nous par conſéquent à la recherche de toutes les choſes qui regardent la Religion, & dont la Divinité ne nous a pas défendu l'examen. Il est vrai qu'il y a des Mysteres dont la connoissance appartient à Dieu seul, & dans lesquels nous ne saurions nous efforcer à penetrer, sans la hardiesse la plus temeraire; aussi suis-je fortement résolu à les respecter ici, & à ne pas toucher au voile, qui les couvre. Heureusement la Divinité par une sagesse digne de sa nature, a rendu impossible la connoissance de tout ce qu'elle nous a défendu d'examiner, c'est en vain que nous voudrions ne pas lui obeïr à cet égard. Ce manque de respect pour ses ordres, seroit parfaitement infructueux pour nous. C'est-là une marque de la bonté de Dieu, aussi-bien que de sa sagesse, & nous devons lui rendre graces de ce que par les commandemens, qu'il nous a donnez là-dessus, il nous épargne des peines inutiles.

Notre Sort est infiniment plus heureux de ce côté-là, que celui d'Adam; il voyoit devant ses yeux l'arbre de Science, comme pour le tenter continuellement par sa beauté & en même temps il lui étoit défendu d'y toucher, sous peine de la vie. Pour nous, graces à la bonté Divine, nous pouvons manger du fruit de tous les arbres, qui sont plantez à notre vuë & ceux ausquels il ne nous est pas permis de porter une main audacieuse sont éloignez de nos yeux, & hors de notre portée.

Mon

Mon but est ici de frayer le chemin vers un de ces arbres de Science religieuse, où il nous est permis de toucher. Il est vrai, qu'il est placé dans le plus épais de la forêt, & qu'il est environné de quelques broussailles & de quelques épines, qui en défendent en quelque sorte l'approche ; mais je me fais fort de prouver, qu'il est de notre devoir d'en goûter les fruits, & que la chose est très-pratiquable pourvû qu'on veuille bien ne se pas rebuter du travail.

Pour ne pas pousser plus loin cette allegorie, je dirai d'une maniere simple, que j'ai intention d'entrer dans la recherche la plus délicate, dont les matieres de la Religion puissent être susceptibles. Pour y réüssir il sera nécessaire, de commencer d'abord par applanir toutes les difficultez autant qu'il sera possible ; par expliquer exactement tous les Principes ; par définir les expressions, en un mot par poser une base inébranlable. Il est bon, que dans la conception d'un sujet si peu familier avec l'imagination des hommes ; & avec leur maniere ordinaire de raisonner, ils ne soient arrêtez par aucune obscurité, qui puisse les effrayer, & empêcher de me suivre dans mes réflexions.

Il s'agit dans ce discours *du devoir d'écouter la voix de la Providence*, & je suppose d'abord, que je parle à des personnes, qui admettent les deux Principes, dont dépend tout la Religion; savoir. 1°. Qu'il y a un Dieu, premiere cause & premier moteur de toutes choses, qui donne l'être à tout ce qui existe, & dont par conséquent le pouvoir est supérieur à celui de tous les autres Estres. 2°. Que cette puissance éternelle gouverne tout ce qu'elle a créé.

Pour éviter ici des distinctions inutiles sur la personne de la Divinité, qui a créé proprement l'Univers, & sur celle, dont l'emploi particulier est de veiller à la conservation des choses créées, je me contenterai de prier mes Lecteurs de lire avec attention le Verset 6. du Pseaume XXXIII, qui ôte tout lieu à ces sortes de chicanes, en attribuant l'œuvre de la Création à toute la Trinité, *Par la Parole du Seigneur les Cieux ont été faits, & par le soufle de sa bouche, toutes leurs armées. La Parole*, c'est Dieu le Fils, *le Seigneur*, c'est Dieu le Pere, & *le soufle de sa bouche*, c'est Dieu le St. Esprit.

Ayant supposé de cette maniere, que mes Lecteurs admettent un Dieu, Créateur du Ciel & de la Terre, je ne croi pas avoir besoin d'un plus long préambule, avant que d'établir les deux propositions suivantes.

1°. La Cause premiere gouverne par sa Sagesse tout ce qu'elle a créé par sa puissance.

2°. La Providence fait éclater un soin particulier pour l'Homme sa derniere, mais sa plus excellente Créature.

La Religion Naturelle prouve la premiere de ces propofitions d'une maniere incontestable. De l'idée que la Nature nous donne de la Prefcience, de la Sageffe, de la Bonté & de la Juftice de Dieu, la Providence générale fuit par la conféquence la plus néceffaire. Si nous admettons tous ces attributs divins, comme il le faut abfolument, dès que nous admettons l'exiftence d'un Dieu, il nous eft impoffible de croire, que l'Univers n'eft pas foûtenu & dirigé par la même vertu, qui l'a tiré du néant.

Il feroit abfurde au fuprême degré de concevoir un Dieu, qui par fa puiffance infinie crée le Monde, & qui le laiffe-là, fans entrer dans les intérêts de fa Sageffe, qui eft la même chofe que fa Providence, fans avoir affez d'amour pour fon Ouvrage, pour en vouloir conferver l'ordre & l'harmonie, & pour foûtenir la fubordination des caufes fecondes, qui eft comme la vie de tout ce qui a été créé.

La Religion revelée ne nous fait pas voir avec moins d'évidence le foin, que la Divinité prend, d'une maniere toute particuliere, de l'Homme l'ornement de la Création. Révoquer feulement en doute cette propofition c'eft rejetter l'autorité de la Révélation divine.

C'eft en faveur de l'Homme, que l'ordre & l'harmonie font confervez parmi les autres Créatures, que les Païs font habitables,

tables, que les fruits & la chair des animaux font nourrissans, & que les Simples ont une vertu médicinale. Il semble que toute la Terre soit son héritage, uniquement destinée à son utilité, & entierement soumise à son pouvoir, il en est comme le *Viceroi*, ou bien on peut le considérer comme le feudataire de celui qui en le *Seigneur* absolu. Or le moyen de comprendre, sans tomber dans l'absurdité de lier ensemble des idées absolument incompatibles, que Dieu ait abandonné le Monde à la conduite de l'Homme, sans diriger d'une maniere toute particuliere, celui qu'il a rendu dépositaire de son pouvoir sur toutes les choses créées.

J'appelle donc *Providence* cette Sagesse Divine, par laquelle il conduit non seulement les choses créées par le moyen de l'Homme, mais par laquelle encore, il influë sur l'Homme même, & le dirige dans toutes ses opérations.

Je laisse à certains Philosophes à faire des distinctions spécifiques de la Providence divine, & à examiner la maniere dont elle agit ; je n'entrerai point dans toutes ces subtilitez de l'Ecole ; il suffira de donner ici une définition de ce que j'appelle Providence. *C'est cette activité de la puissance, de la sagesse, de la justice & de la bonté de Dieu, par laquelle il gouverne, non seulement les évenemens, mais encore les moyens qui y conduisent, & les dirige à l'utilité de l'homme sa Créature favorite.* Cette

Cette idée me paroît claire & nette, & je crois qu'il eſt ſuperflu de mettre notre eſprit à la torture pour développer la maniere, dont cette activité influë ſur les choſes humaines, & la raiſon pourquoi elle ſe ſert d'une telle méthode, & non d'une telle autre; c'eſt à nous à reſpecter la Providence, commme *le doigt de Dieu*, c'eſt à nous à en obſerver la conduite, à nous y ſoumettre, & à obéïr à ſes ordres.

Il ne ſeroit pas hors d'œuvre de mettre ici dans tout ſon jour la bonté de Dieu, qui paroît d'une maniere ſi marquée, dans l'intérêt particulier, que la Providence prend, dans tout ce qui concerne les Créatures humaines, mais cette eſpece de digreſſion pourroit remplir preſque tout l'eſpace, que j'ai deſtiné dans cet ouvrage au principal ſujet, que j'ai promis de traiter. D'ailleurs la verité, que je viens d'indiquer, a tant de connexion avec ma matiere, qu'elle ſe développera comme d'elle même à meſure que je répandrai de la lumiere ſur nôtre devoir indiſpenſable *d'écouter la voix de la Providence.*

Le motif le plus grand, qui nous doive porter à prêter cette attention religieuſe à la voix de la Providence, c'eſt qu'elle eſt déterminée d'une maniere toute particuliere à nos avantages & qu'elle y détermine toutes les cauſes ſecondes.

La pratique de ce devoir n'eſt pas extrêmement facile, rien n'est plus fréquent chez les hommes que d'interpréter de travers les effets les plus visibles de la Providence, & les plus propres à frapper; par conséquent il n'est pas surprenant qu'on prenne si peu garde à cette voix de la Providence, qui nous parle d'une maniere moins éclatante, ou qu'on n'y donne pas le véritable sens.

Une marque certaine, que les hommes ne sont que trop sujets à interpréter les effets même les plus sensibles de la Providence, c'est que certaines gens persuadez que rien n'arrive dans le Monde sans le concours de Dieu, rendent la Providence divine responsable de leurs folies, & de leurs extravagances. Un étourdi, qui fume du tabac dans un magazin à poudre, s'en prendra à la Providence, de ce que tout le bâtiment saute en l'air; un autre qui laisse pendant la nuit sa maison ouverte, la chargera de la perte de ses meubles, ou de ses Marchandises. Il n'est pas possible de rien imaginer de plus absurde & de plus ridicule. De cette même maniere un Brigand, & un Meurtrier pourroient rejetter leurs crimes sur la Providence, qui gouverne toutes choses.

Je ne m'amuserai pas, pour le present, à réfuter ces erreurs grossieres, mon but est ici d'instruire les Lecteurs de quelques particularitez délicates, qui concernent la Providence, & sa méthode de gouverner

le

le Monde, & qui valent bien la peine d'occuper nôtre attention.

S'il y a des gens, qui chargent grossierement la Providence de certaines choses, où elle n'est pas engagée d'une maniere directe, il y en a d'autres, qui donnent dans une erreur encore plus dangereuse & qui refusent de voir la Providence, dans les évenemens, où elle se fait sentir de la maniere du monde la plus directe, & la plus manifeste.

Ces sortes de gens là semblent se faire un plaisir de s'aveugler; si la Providence guide & dirige le Monde réellement, si de l'enchaînure de certaines circonstances elle fait la cause des évenemens, si d'ailleurs le but général de la Providence, est de diriger le gouvernement du monde à l'avantage particulier de l'homme, en un mot si l'on admet les *deux propositions*, que j'ai établies comme la base de tout mon discours, il en faut inferer cette conséquence nécessaire; que c'est pour nous un devoir indispensable de prêter la plus forte attention à la voix secrette de cette Providence.

Pour *faire attention à la voix de la Providence* j'entends, en étudier la véritable signification, dans chaque particularité de chaque évenement, & apprendre à connoître les vuës de la Providence dans tout ce qui arrive, & la maniere dont nous devons y répondre de nôtre côté. Si un homme se voyoit en danger de périr dans un Vaisseau fracassé par un orage, & si la Providence offroit à sa vuë une chaloupe, qui avançât de son côté, il seroit inutile de lui faire connoître, que ce seroit son devoir de faire comprendre à ceux de la chaloupe par des signaux réïterez la triste situation, où il se trouveroit. S'il étoit assez stupide, pour négliger un moyen si naturel de se sauver, il est certain, qu'il n'auroit pas la moindre raison imaginable, d'accuser la Providence de sa mort ; c'étoit à lui à *écouter la voix de la Providence*, & à saisir l'occasion, qu'elle lui offroit, de se tirer du péril.

L'Homme se rend quelquefois coupable d'une certaine rebellion contre la Providence, & il se précipite de propos déliberé dans des malheurs, qu'elle n'est pas obligée d'empêcher par des miracles. Celui qui se jette dans une riviere pour se noyer, qui se pend à un arbre, ou qui se casse la tête d'un coup de Pistolet, mourra indubitablement en dépit de toutes nos idées sur les Decrets éternels de Dieu, & sur tout ce qui concerne la Providence. Elle n'est pas obligée, comme je l'ai déja dit, d'empêcher ces malheurs d'une manière directe, & irrésistible ; elle peut livrer un tel homme à sa détestable fureur, sans faire la moindre bréche dans son pouvoir souverain & absolu.

Quoique la Providence ait déterminé que les évenemens doivent être enchainez aux

causes

causes par une necessité indispensable, elle ne laisse pas dans un grand nombre de cas de nous permettre la liberté d'appliquer *au bien, ou au mal moral* les circonstances, où nous nous trouvons. Il ne nous est pas possible de limiter ces cas, ni de comprendre, de quelle maniere la Providence agit à cet égard, mais il nous suffit de savoir, que dans ces cas-là nous sommes des *agents parfaitement libres*. Si nous ne reconnoissons pas la vérité de ce Principe, en vain nous adresse-t-on des exhortations pour nous porter à la Vertu, & pour nous détourner du Vice, & rien n'est plus indigne de la Justice Divine, que de nous proposer des punitions, & des récompenses. Les promesses & les menaces ne sont que des expressions vuides de sens, si l'Homme est un *agent nécessaire*, & s'il n'a pas le pouvoir de se déterminer d'une maniere libre, vers ce qui s'offre à sa Raison comme son véritable intérêt.

Je suis fortement convaincu que tous les Evenemens sont entierement soûmis aux ordres de la Providence ; mais je ne saurois croire que les Etres raisonnables y soient soûmis d'une maniere purement passive, & qu'il leur soit impossible de profiter des instructions, & des avertissemens que le Ciel leur donne souvent, pour les exciter à se précautionner contre les desastres, qui semblent leur pendre sur la tête. *L'homme prudent prévoit le mal, & il se cache*;

comment feroit-il son profit de ce qu'il prévoit, s'il n'avoit pas la liberté de se déterminer lui même ?

Bien souvent l'homme prudent *prévoit le mal*, en prenant garde à certains avertissemens intérieurs, qui le déterminent *à se cacher*, & à se dérober aux malheurs, qui le menacent. Ce sont précisément ces avertissemens secrets, qui sont le sujet de ce discours ; c'est là cette voix de la Providence que je veux enseigner à l'Homme d'écouter.

Je suis d'opinion, qu'il faut placer la Providence à la tête du *Monde invisible*, tout de même que nous lui accordons le gouvernement du *Monde visible*. Il est vrai que j'abhorre la notion superstitieuse & cabalistique d'un certain Monde d'Etres invisibles, qu'on partage en differentes classes, & dont j'aurai lieu de parler au long dans un autre Traité. Néanmoins je suis fortement persuadé que la main de Dieu, qui gouverne ce Monde corporel, doit diriger aussi le Monde invisible des Intelligences spirituelles, & que de là elle peut nous envoyer des *Messagers*, qui d'une maniere directe, ou indirecte, pendant le sommeil ou pendant que nous veillons, par des pressentimens, ou par des songes, nous donnent des avertissemens, qui peuvent nous être d'une grande utilité, si nous les écoutons & si nous nous en servons pour *prévoir*

voir le mal, & pour nous cacher.

J'avoue, qu'on peut me faire ici une objection, à laquelle il m'est impossible de donner une solution satisfaisante & solide; Si ces avertissemens, dira-t-on, sont un effet de la Providence, qui a une intention serieuse de nous proteger; pourquoi sont-ils si imparfaits, si mysterieux, & si obscurs, qu'il est quelquefois impossible à un homme sensé d'en deviner le sens, & que par consequent il n'est pas coupable, s'il n'en profite pas?

Il m'est impossible, j'en conviens, de trouver aucun principe, par lequel on puisse applanir cette difficulté. Ce mystere me paroît de la même nature, que ces paroles qu'une main invisible écrivit sur la muraille dans le célebre Festin du Roi *Belzazar*. Par quelle raison ces paroles furent-elles écrites dans un caractere, que personne ne pouvoit déchifrer, & dont le sens auroit été apparemment inconnu à jamais, si un Prophete ne les avoit expliquées, & n'avoit donné par là à ce malheureux Roi l'unique moyen d'apprendre par ces caracteres la funeste Catastrophe qui le menaçoit.

Quoique les bornes de notre Raison nous rendent ce mystere impenetrable, il reste pourtant certain, que c'est pour nous un devoir indispensable d'étudier, avec la plus grande application, ces avertissemens secrets, & de ne rien négliger pour en pénetrer le véritable sens; il reste certain, qu'après avoir fait tous nos efforts, pour réüssir dans cet examen difficile, nous devons nous conformer avec exactitude à l'ordre que ces avertissemens semblent contenir, & ne point négliger *cette voix secrette de la Providence.*

Pour donner une idée un peu nette de ce devoir, il ne sera pas hors d'œuvre de tracer ici le portrait d'un homme qui écoute avec attention cette voix secrette. Un tel homme est fortement convaincu de la direction souveraine & générale de la Providence sur toutes les Créatures; il est persuadé qu'en qualité d'Etre raisonnable, il est soumis à cette Providence d'une maniere toute particuliere; que c'est à elle qu'il doit son existence & sa conservation, & qu'il n'est pas contraire à la Majesté d'un Dieu, infiniment puissant, bon, & sage, de veiller sur la moindre chose, qui concerne l'Homme qu'il a fait à son image.

Par une conséquence naturelle de cette idée générale, il croit fermement que la Providence s'interesse dans toutes les particularitez qui lui arrivent, & qu'il est de son utilité de faire réflexion sur tous les effets de la Providence, qui sont à sa portée, pour voir s'il lui est possible d'en tirer quelque avantage.

Quiconque se livre à la distraction à cet égard, néglige ses propres intérêts, puisqu'il lui est impossible de savoir, si les effets de de la Providence auxquels il ne daigne pas prêter une attention religieuse, ont quelque liaison avec son bonheur.

Ce n'est pas mon affaire ici de faire distinguer à chaque homme les effets de la Providence, qui peuvent l'interesser, d'avec ceux, qui n'ont aucun rapport à son bonheur, ou à son malheur. Tout homme doit entrer sérieusement dans cette étude lui-même, & se faire un plan de conduite à cet égard. Pour l'y animer il suffit de lui dire, que c'est une verité reconnue de tous les gens de bien, que rien ne nous arrive sans la volonté ou sans la permission de Dieu, & que par conséquent tout homme, qui a pour soi-même un amour éclairé, ne doit jamais être dans une indolence stupide sur les effets de la Providence, où il pourroit être interressé. S'il est certain, comme nôtre Sauveur nous l'assure, *qu'aucun cheveu ne tombe de notre tête, sans la volonté de notre Pere Celeste*, il est sûr aussi, qu'aucun cheveu ne doit tomber de notre tête, sans que nous portions nos yeux sur ce Pere Celeste, dont la volonté influe dans un évenement si peu important en apparence.

Comme je prens ce passage dans sa véritable étendue, & que j'entends par là que le moindre incident de la vie humaine n'arrive sans la *volonté active* de notre Pere Celeste qui la dirige, ou sans sa volonté passive qui la souffre; je prends aussi la conséquence que

que j'en tire, dans la même étendue, & j'en conclus, que rien ne nous sauroit arriver de si mince en apparence, que nous ne soyons dans l'obligation d'attacher notre vue sur notre Pere celeste, de nous soûmettre à sa volonté, & d'en étudier le *sens* pour le tourner à nôtre profit. Celui qui néglige ce devoir, méprise la Providence de la maniere la plus insolente.

En prêchant ce devoir, je ne suis nullement responsable des extravagances, où mes préceptes entendus de travers pourront engager des personnes d'un esprit foible. Je sai parfaitement bien que ces sortes de gens mettent souvent sur le compte d'une Providence directe & particuliere les bagatelles les plus ordinaires, & les moins dignes d'attention. J'ai entendu, par exemple, un homme fort attaché à la Religion, qui voyant le bouchon d'une bouteille pleine d'une biere qui fermentoit, poussé avec bruit contre le plancher, s'écrioit avec admiration : *Quelle merveille de la Toute-Puissance Divine !* Les maximes les plus sages peuvent causer des travers d'esprit les plus marquez dans l'Ame de ceux, qui ne savent pas raisonner, & qui sont incapables de rester dans les bornes des conséquences ; qui suivent des principes, qu'on leur a fait goûter.

Mon unique dessein est ici d'exciter les Chrétiens à une attention perpétuelle & respe-

respectueuse, pour la direction de la Providence, sur tout par rapport à leurs affaires particulieres. Je songe à les animer à une obéïssance parfaite & constante pour les ordres de cette Providence. Je veux les porter à attendre l'issue avec résignation ; en un mot, à écouter soigneusement *la voix secrette de Dieu*, afin qu'ils y puissent conformer leur conduite.

C'est un point d'une extrême délicatesse de déterminer si cette voix secrette influe dans *les augures, les songes, les apparitions, & les pressentimens*. Il semble en quelque sorte, que ce sont-là les moyens par lesquels le Monde invisible se communique avec le Monde visible, & dont les Intelligences pures se servent, pour avoir commerce avec les Esprits enfermez dans des corps. Cependant il faut traiter ce sujet avec la plus grande précaution, & songer sérieusement à ne rien avancer à cet égard, qui donne dans le Fanatisme, & qui des-honore la Providence d'un Dieu infiniment sage.

Le sentiment des gens de bien dans tous les siécles a été, qu'il ne falloit pas négliger entierement ces sortes d'avertissemens de la Providence Divine. Mais comme ils ne prescrivent aucunes Regles fixes pour limiter nos réflexions & notre conduite à cet égard, je trouve bon d'imiter une si sage réserve. Je me contenterai de dire, que comme la certitude de l'Astronomie paroît

par

par le calcul exact des Eclipses, la certitude du commerce des Esprits avec les hommes se prouve par les évenemens, qui ont souvent répondu avec la derniere précision, aux avertissemens, qui avoient été donnez par les moyens extraordinaires, que je viens d'indiquer. Cette expérience posée comme incontestable, je ne vois pas comment la Providence, qui s'interesse avec un soin si particulier dans tout ce qui nous regarde, n'influeroit pas dans cette communication que nous avons par *ces moyens* avec le Monde invisible. Mais je n'ai garde de déterminer jusqu'à quel point va cette influence de la sage direction de Dieu.

Toutes les fois que la Providence fait sentir d'une maniere manifeste, qu'elle influe dans ces sortes d'avertissemens secrets, je me crois obligé d'y faire réflexion, & j'exhorte les autres hommes à suivre cette même route. Je leur dirai pourtant, qu'il faut prendre garde de près à la nature de ces avertissemens, & ne point prêter attention à ceux qui n'ont pas un caractere propre à nous persuader, qu'ils nous viennent du Ciel, & qu'ils sont dirigez à nos véritables intérêts.

Si dans certains cas nous sommes obligez de faire attention à la voix de la nature, & à celle des Députez invisibles, qui nous sont envoyez du Monde des Esprits, il est évident que nous devons beaucoup

coup plus écouter la voix de la Providence, quand elle nous parle d'une maniere plus directe.

Je le repete ; le Monde est gouverné par le même pouvoir, qui l'a tiré du néant, & la *Providence* de Dieu est aussi digne d'admiration, que sa *Toute-puissance*. Or dans tout le cours de cette Providence, rien ne mérite plus nos plus profonds respects, que cette *voix secrette*, qui d'une maniere mystérieuse nous instruit des causes qui doivent naturellement produire tels ou tels effets. Celui qui écoute cette voix de la Providence, se soumet aux ordres de la Divinité, & respecte avec admiration les merveilles, qui éclatent dans sa maniere de gouverner l'Univers, comme celles qui brillent dans sa *puissance infinie*.

Si les évenemens sont du ressort de la Providence, aussi bien que les causes, qui les produisent, rien ne doit être plus digne de nos réflexions les plus sérieuses, que la liaison, qui paroît évidemment entre les évenemens, & les circonstances, qui concourent à les faire naître. Il faut être indolent jusqu'à la stupidité, & n'avoir pas dans l'esprit la moindre activité, qui nous puisse porter à l'observation des choses remarquables, pour ne se pas plaire à découvrir la liaison qu'il y a entre ce qui arrive dans le Monde, & la Sgsl. suprême, qui ménage toutes les causes secondes, qui

influent

influent dans les événemens d'une manière directe. Quand, par exemple, des punitions éclatantes suivent de près des crimes éclatants, & quand des forfaits Nationaux sont punis par des punitions Nationales, ne faut-il pas être de la derniere stupidité, pour ne pas sentir, que c'est la Justice divine, qui se déclare d'une maniere toute particuliere? Toutes les circonstances d'un évenement conspirent, pour ainsi dire, à nous en faire découvrir la cause, & nous fermerions les yeux à une verité si palpable! En verité ce seroit marquer un profond mépris pour la Divinité, & négliger nos propres intérêts, par la paresse la plus criminelle.

Le concours de plusieurs évenemens répand du jour sur leur cause, & la méthode dont le Ciel se sert à produire un certain évenement, est une regle par laquelle nous pouvons juger de l'effet qui doit suivre les marques d'une méthode toute semblable. Celui qui n'écoute point cette voix de la Providence, *est sourd à l'instruction*, & comme l'insensé de Salomon; *il hait la Science*.

Une reflexion attentive peut nous découvrir sans beaucoup de peine, si le Ciel approuve, ou condamne une entreprise que nous avons formée; nous voyons par des marques évidentes, si le Ciel favorise, ou traverse les mesures, que nous prenons pour y réussir. Rarement nous arrivera-t-il de nous tromper là-dessus, si nous comparons

les

les choses présentes avec les choses passées, & si nous examinons la conduite ordinaire de Dieu avec les hommes.

Faut-il être fort habile pour deviner de quelle main partent ces exemples de la punition la plus sévere, qui suit souvent dans l'instant même ces imprécations horribles, & infernales, qu'on regarde comme des traits de la Rhétorique moderne ? Un homme impie a l'audace d'appeller Dieu à témoin d'une *fausseté*, qu'il est de son intérêt de faire passer pour *véritable*; il souhaite que, s'il ment le Ciel le frappe d'aveuglement, de surdité, & même de la mort. A peine a-t-il lâché cette parole abominable, qu'il est exaucé ; il devient *sourd, muet ou aveugle*, ou bien *il tombe roide mort*. Quoi ! cette punition ne marque-t-elle pas de la maniere la plus forte la réalité d'une Providence ? N'est-ce pas une voix du Ciel, qui crie distinctement, que Dieu est juste, & qu'il hait les ouvriers d'iniquité ? Celui qui ne l'entend pas doit être bien sourd, & mille fois pis que sourd, celui qui l'entend, & qui la méprise. Ces sortes de supplices marquez ressemblent à certaines punitions terribles usitées parmi les hommes à l'égard de certains criminels distinguez, & moins destinées à faire souffrir des misérables d'une maniere proportionnée à leurs forfaits, qu'à effrayer les spectateurs, & à les détourner de semblables fureurs.

La Providence Divine toûjours difposée à nous proteger, & à nous guider au bonheur, fe fert de mille moyens differents, pour nous faire fentir la conduite, qu'il attend de nous, dans certains cas embaraffants, & il ne nous eft pas difficile par cela même de remarquer, que fon intention eft de nous faire trouver notre devoir, dans une religieufe attention à ces expreffions fenfibles de fa volonté.

S'il m'eft permis de parler ainfi, notre Ame a la vûë bien courte; elle ne découvre qu'à peine les objets qui font à quelque diftance, bien loin de pénetrer dans leur véritable nature. Mille exemples nous le font voir tous les jours, & cette mortifiante expérience doit nous enfeigner, que pour percer le voile, qui couvre les évenemens futurs, nous devons faire ufage de toutes les lumieres, & de tous les fecours, que nous pouvons tirer d'une attention continuelle, fur les évenemens paffez & fur la maniere dont ils ont été produits. Il eft certain que cette maniere d'agir nous feroit d'une utilité extraordinaire, pour nous débaraffer des difficultez, qui nous empêchent de prendre le parti le plus falutaire.

Si nous prenions exactement garde à chaque circonftance de tout ce qui arrive, & fi nous nous en formions l'habitude, nous n'aurions pas befoin, pour nous conduire dans les cas les plus embaraffants, d'un secours plus dangereux & plus effrayant, comme celui qu'on tire *des songes ; des visions*, & en général *du commerce des Intelligences pures.*

Un Cavalier de mes amis ayant un jour un voyage à faire du côté du Nord de l'Angleterre, tomba malade deux fois de suite précisément le même jour, qu'il avoit destiné pour le commencer ; il prit sagement cette traverse pour un avertissement du Ciel, & quoique de fortes raisons dussent le déterminer à suivre sa premiere résolution, il y renonça. Peu de jours après sa femme mourut, ce qui lui fit sentir que rien n'avoit été plus utile pour lui, que d'être dans sa maison, & de pouvoir prendre garde à ses affaires dans une conjoncture si désagreable.

Les Romains avoient quelques idées confuses du devoir d'*écouter la voix de la Providence*, comme on le voit par la distinction, qu'ils faisoient entre les jours *heureux & malheureux*. L'Ecriture Sainte même ne s'éloigne pas de cette pratique, & elle remarque sur tout le jour, que les Enfans d'Israël étoient sortis de l'Egypte. Lorsqu'elle en fait mention 430. ans après cette heureuse délivrance, elle dit, * *précisément dans ce même jour ils sortirent d'Egypte.* Elle parle de plusieurs autres jours comme de jours malheureux ; *l'homme prudent se taira dans ce temps, car c'est un temps malheureux.*

* Exod. XII. v. 41. 42.

Nous voyons que la Divinité ne restraint pas seulement les actions des hommes, mais encore ses propres actions à *certains temps*, & à *certains jours* ; ce qu'elle ne fait sans doute, que pour nous le faire remarquer, & pour nous en faire tirer de l'instruction. Mon but principal n'est pas ici de refléchir sur certaines révolutions, qui sont arrivées dans les familles, ou dans toute une Nation, & qui portent les hommes à marquer *certains jours*, comme *heureux*, & d'autres comme *malheureux*. Mon intention est plûtôt de faire remarquer de quelle maniere la Providence distingue *certains jours* par des révolutions extraordinaires, & y attache un caractere de *bonheur*, & de *malheur*, pour faire sentir fortement aux hommes la différence qu'il y a entre les *actions*, qu'elle approuve & celles qu'elle n'approuve point.

Par là les hommes appellent l'Imagination au secours de leur Raison, ils apprennent à former l'idée la plus forte du *crime* ou du *mérite*, qu'il y a dans leurs actions ; ils le lisent dans la punition, ou dans la récompense dont la Justice divine a voulu qu'elles fussent suivies, & dont l'image se retrace dans le caractere d'*adversité* ou de *prosperité*, attaché à l'*anniversaire* des jours où ces actions ont été faites.

J'ai vû plusieurs Recueils de ces marques de la Providence imprimées dans *certains jours*, dont les uns regardoient des familles par-

particulieres, & les autres des Peuples entiers. On en a vû plusieurs exemples, dans la guerre dénaturée entre le Roi & son Parlement, dont la mémoire doit être à jamais en exécration à la posterité la plus reculée. Par exemple, le même jour du mois & de l'année, que le Chevalier *Jean Hotham* eut l'insolence de fermer les portes de la Ville de *Hul* à son Souverain, & de lui en empêcher l'entrée, il fut mis à mort par ordre du même Parlement dont il avoit soûtenu les interêts par une action si indigne. D'une semblable maniere le malheureux Roi *Charles I*. reçut sa Sentence de mort du Conseil, qu'on appelloit la *Haute Cour de Justice*, le même jour du mois, qu'il avoit eu la foiblesse de signer la Sentence du Comte de *Strafford*, qu'on pouvoit regarder comme son bras droit. Il est remarquable encore, que le même jour que le Roi *Jacques II*. étoit monté sur le thrône en dépit de l'*acte d'exclusion*, il fut déclaré par le Parlement déchu de la Dignité Royale, & la Couronne fut posée sur les têtes du Prince d'Orange, & de son Epouse.

Ces sortes d'événemens sont comme autant de sentences tacites, que la Providence prononce contre certaines actions, afin que les hommes en reçoivent des impressions fortes, & durables, & qu'ils écoutent avec respect & avec frayeur cette *voix du Ciel*, qui parle d'une maniere si redoutable.

La Providence parle encore de la maniere

la plus forte, & la plus significative, dans les délivrances signalées, par lesquelles elle tire quelquefois les hommes d'un danger éminent, dans le temps qu'ils ne pouvoient plus compter sur la moindre ressource. Cette voix nous appelle alors à la reconnoissance, & à benir à jamais cette *main forte*, & ce *bras étendu*, par laquelle la bonté divine a bien voulu nous proteger, & nous sauver contre toutes les apparences. Cette *voix du Ciel*, qui éclate dans ces délivrances inattendues, nous prêche la repentance de la maniere la plus énergique, & nous enseigne à nous précautionner à l'avenir, par une conduite prudente, & vertueuse, contre les dangers, où nous avons été précipitez par nos extravagances, & d'où nous n'avons pu être tirez, que par une puissance & par une bonté infinie.

Ces délivrances ne sont pas rares, & il n'y a point d'homme, qui retourne ses yeux avec attention sur sa vie passée, qui ne doive se souvenir d'un grand nombre de cas, où il se seroit plongé dans un abîme de miseres, si la Providence n'avoit veillé pour lui avec plus de soin, que n'a fait sa propre prudence. Malheureusement les réflexions de cette nature sont fort rares, & faute de tirer, par leur moyen, du profit des révolutions de sa vie passée, & de répéter à soi même cette *voix de la Providence*, on se précipite dans des malheurs plus grands, sans trouver de nouveau, le même secours.

Cha-

Chaque jour nous rencontrons des occasions, où la Providence nous parle avec toute la force imaginable; tantôt en nous protégeant par une assistance inattendue, pour nous exciter à la reconnoissance, & tantôt en nous presentant des périls, & des embarras, pour nous apprendre à marcher avec prudence & avec circonspection, & pour nous porter à prendre garde à chaque pas que nous faisons dans le chemin rabotteux de cette vie.

Ceux qui se laissent réveiller de leur Létargie dangereuse, par cette voix pathétique, & qui se disposent à en suivre les ordres, cueillent d'ordinaire dans le moment même le fruit de leur attention, en se tirant des plus grandes difficultez, tandis que ceux, qui ferment l'oreille à ces avertissemens paternels, sont punis de leur stupide indolence.

Je sai bien qu'on pallie cette malheureuse securité, en prétextant une confiance entiere sur cette Providence même, qu'on insulte par cette conduite. Cette confiance n'est dans le fond que l'indolence la plus dangereuse, & ceux qui osent en faire ostentation se démentent à chaque moment. Il est certain qu'il faut confier à la Providence les moyens, que nous avons de subsister, mais cette vérité n'empêche pas un homme de bien de travailler avec application à se procurer, & à se conserver ces *moyens*. De la même maniere nous devons nous reposer sur la Providence

de

de la conservation de notre vie, sans négliger toute la précaution nécessaire, pour éviter les dangers, & sans mépriser les avertissemens, que la bonté divine nous donne, dans le dessein de nous faire veiller à notre propre conservation. Si nous ne les recevons pas avec le plus profond respect, & si nous n'en tirons pas les avantages, qu'ils nous offrent, nous devons justifier la Providence divine, & nous accuser nous-mêmes des Catastrophes que notre securité nous attire.

Rien n'est plus criminel, à mon avis, qu'une négligence générale de ces avertissemens; c'est une espece d'*Atheïsme pratique*, ou du moins un mépris formel de Dieu, & un outrage perpétuel fait à cette Bonté infinie, qui s'offre elle-même d'avoir soin de tout ce qui nous regarde.

Un tel homme reçoit des faveurs du Ciel, sans songer à la source dont elles dérivent; il en reçoit des châtimens, sans aller jusqu'au Legislateur Souverain qui est jaloux de la sainteté de ses Loix; il n'est ni reconnoissant à la vuë des bénédictions de Dieu, ni sensible aux marques de la colere celeste; sa stupidité est égale dans la prosperité, & dans l'adversité, comme s'il étoit hors de la sphere de la Providence, & comme si Dieu étoit hors de la sphere de ses réflexions; En un mot, il est précisément dans une disposition diametralement opposée à celle que je recommande ici, & qui doit faire l'essentiel du caractere d'un hom-

homme, *qui prête attention à la voix de la Providence.*

Cette voix parle quelquefois d'une maniere si intelligible, qu'il est presque impossible de n'en pas comprendre le sens.

Lorsque le Prince de Vaudemont commanda l'armée des Alliez en Flandre, la même campagne, que le Roi & Guillaume assiegea & prit *Namur*, quelques troupes eurent ordre de marcher du côté de *Nieuport* pour faire une diversion, & pour tirer de ce côté-là le *Comte de Montal*, qui commandoit un camp volant auprès de *Menin*, & qui sans cette diversion auroit pu se joindre au *Duc de Villeroi*, qui étoit à la tête de la grande armée des Ennemis.

On avoit ordonné aux Soldats, sous peine de la vie, de ne pas s'éloigner du camp, & de ne point piller les Païsans. La raison de cette severité étoit, que les vivres n'étoient pas abondants dans l'armée, & que si on n'avoit pas protegé les gens du païs, ils s'en seroient allez avec leurs provisions, ce qui auroit pu réduire nos troupes à la plus grande disette.

Malgré des ordres si précis, il arriva, que cinq Soldats Anglois s'éloignerent du camp & se mirent à courir le païs. Ils furent attaquez, près d'une ferme, par un bon nombre de païsans, qui s'étoient mis dans l'esprit qu'ils avoient pillé cette maison, ce que pourtant ils n'avoient pas fait. Les Soldats

dats connoissant l'humeur impitoyable des Païsans, qui épargnent rarement les gens de guerre, quand ils les trouvent à l'écart, se défendirent avec vigueur, eurent le dessus, & mirent leurs ennemis en fuite, après en avoir tué deux. Irritez par cette injuste attaque, ils forcerent la porte de la ferme, dont j'ai parlé, & maltraitterent assez ceux qui y demeuroient.

Après avoir chassé ceux de la maison, ils se mirent à la fourager; mais ils y trouverent peu de chose excepté une grande quantité de pommes, dont ils résolurent de se régaler. Ayant chauffé le four, ils étoient occupez à y faire rôtir des pommes, quand les Païsans qui s'en étoient fuis, & qui savoient que les Anglois n'étoient qu'au nombre de cinq, vinrent les attaquer de nouveau assistez de plusieurs de leurs voisins. Ils furent victorieux à leur tour, tuerent deux Anglois, & firent prisonnier un troisiéme, que par une inhumanité de plus barbares, ils jetterent dans le four, où il fut étouffé.

Les deux autres Anglois échapperent, mais à peine étoient-ils revenus au camp, qu'ils furent mis aux arrêts, & menez devant le Conseil de guerre, non pour avoir *maraudé*, car on n'en avoit pas la moindre preuve, mais simplement pour s'être écartés de leur Régiment contre les ordres du Général.

Ils

Ils furent condamnez tous deux à perdre la vie, mais le jour qu'il s'agissoit d'exécuter cette sentence, le Général ayant envie d'en sauver un, ordonna qu'ils tirassent au sort. On fait que cela se fait d'ordinaire, parmi les gens de guerre, en jettant des dez sur un tambour; & qu'on exécute celui qui a amené le plus ou le moins de points, selon que la chose a été réglée auparavant. Dans le cas dont il s'agit ici, c'étoit le plus grand nombre de points, qui devoit condamner un des coupables.

Quand les deux malheureux furent menez devant la *fatale Caisse*, celui, a qui on donna les Dez, les jetta d'une main tremblante & voyant deux *six* sur le tambour il se mit à se tordre les mains, & à donner toutes les marques de desespoir; mais sa joye fut tout aussi vive, qu'avoit été sa douleur, quand il vit sortir les mêmes *six* de la main de son Camarade.

L'Officier, qui devoit assister à l'exécution, étoit fort surpris d'un cas si extraordinaire, & ne savoit presque quel parti prendre, mais ayant des ordres positifs, il ordonna aux deux Soldats de recommencer; ils le firent, & au grand étonnement des spectateurs, ils jetterent chacun *deux cinq*. Là-dessus les gens de guerre, qui étoient détachez pour conduire *le malheureux* au supplice, se mirent à pousser de grands cris, en disant qu'il falloit les sauver l'un & l'autre.

L'Officier, dont j'ai parlé, étant un homme à réflexion, avoüa que la chose étoit extraordinaire & qu'il paroissoit y avoir quelque chose de divin ; il crut, qu'il étoit de son devoir de suspendre l'exécution, & de consulter sur un cas si particulier le Conseil de guerre, qui étoit justement assemblé alors. Ceux qui composoient ce Conseil ordonnerent après une mûre déliberation, qu'on donneroit d'autres Dez aux deux coupables, & qu'on les feroit jetter de nouveau. Ils le firent avec le même succès que les autres fois, & l'on vit sur le tambour deux fois de suite *deux quatre*.

L'Officier mille fois plus surpris encore qu'auparavant s'en retourna au Conseil de Guerre, qui étonné au suprême degré d'une chose si éloignée du cours ordinaire de la Nature, & croyant y trouver du miracle, résolut de suspendre l'exécution, jusqu'à ce qu'on eut consulté le Général.

Ce Seigneur étant instruit de toute l'affaire fit venir les deux Anglois, & leur ayant fait conter tout ce qui leur étoit arrivé dans leur course, il leur pardonna en se servant des expressions suivantes : *J'aime dans des cas si extraordinaires à prêter attention à la Voix de la Providence.*

Pendant que nous sommes dans cette vie imparfaite, où nous connoissons si peu le Monde invisible, il seroit fort avantageux pour nous d'avoir une connoissance

juste,

juste, sans aucun mélange d'idées fanatiques & superstitieuses, de la maniere de profiter des directions, qui nous viennent d'enhaut.

Il a plu à Dieu, dans sa sagesse infinie, de renfermer dans des bornes beaucoup plus étroites les avertissemens, qu'il nous donne à present, que ceux qu'il donnoit autrefois à son Peuple, d'une maniere immédiate, mais je n'oserois dire que ce commerce de Dieu avec l'Homme a cessé absolument. Les Livres sacrez font mention, dans un grand nombre de passages, de ce commerce immédiat, & des ordres que la Divinité prescrivoit autrefois aux hommes par des voix sorties du Ciel, ou par le moyen des Anges, ou bien par celui des Songes, & des Visions. Dieu ne se servoit pas seulement de ces *avertissemens directs*, par rapport aux affaires publiques, mais encore à l'égard des affaires de famille. C'est ainsi que Dieu est apparu à *Abraham*, à *Lot*, à *Jacob*, & qu'il a député des Anges à plusieurs personnes, comme à *Manoah* & à sa femme, à *Zacharie*, à la *Sainte Vierge*, & aux Apôtres. A d'autres, il a parlé par des Songes, comme au *Roi Abimelech*, au *Prophête Balaam*, à l'Epouse de *Ponce Pilate*, à *Hérode*, à *Joseph*, &c.

On étoit si persuadé, que toutes ces différentes sortes de voix venoient du Ciel d'une maniere miraculeuse, que les Prophêtes, qui s'en servoient pour annoncer au Peuple les ordres du Ciel, commençoient d'ordinaire leurs Prophéties par *Ainsi a dit le Seigneur*. Il n'est pas surprenant que ces sortes de voix ne se fassent plus entendre parmi nous; les Evangelistes & les Apôtres nous ont donné de la part de Dieu une *voix* plus sûre, & plus claire; une *parole* plus étenduë & mieux développée; nous sommes les maîtres de la consulter, & même il est de nôtre devoir d'y prêter une attention continuelle. Cette *parole* d'ailleurs est soutenuë de la Grace de celui qui nous a dit; *je suis avec vous jusqu'à la fin du Monde*, & par conséquent nous sommes bien éloignez de perdre quelque chose à ce changement d'Economie, pourvu que nous prenions une forte résolution d'obéir aux ordres sacrez, qui nous ont été donnez par cette voix celeste.

Je me suis un peu étendu sur cette article pour payer l'hommage, que tout Chrétien doit à la perfection salutaire de la *Révélation Evangelique*, accompagnée de la direction de l'Esprit de Dieu, qui, par rapport à toutes les choses qui concernent le salut, *nous mene en toute verité*.

Nous n'avons pas besoin dans nôtre *vie spirituelle* d'un commerce direct avec la Divinité; ce n'est pas aussi de cette espece de vie, que je parle; je n'ai ici en vûë que la *vie civile*, & je soûtiens qu'à cet égard la voix immédiate du Ciel se fait encore souvent entendre, par différents moyens, & qu'il est de nôtre devoir d'y prendre garde.

Nos Theologiens les plus éclairez distinguent entre deux *voix* de Dieu, dont l'une parle dans sa *Parole*, & l'autre dans ses *Ouvrages*, & l'étude de la derniere ne le cede gueres à celle de l'autre, en utilité.

On peut étudier cette derniere Parole de Dieu de deux manieres, ou dans les ouvrages de la Création, qui nous remplissent d'admiration, d'étonnement, de respect, & de pieté ; ou dans les effets de sa Providence, dont la varieté infinie nous offre une source continuelle d'instructions aussi agréables qu'importantes. Il est certain que rien n'est plus digne de l'excellence de nôtre Nature, & plus capable de nous procurer les plus grands avantages, que de nous appliquer sérieusement à cette Etude ; je conviens qu'elle est difficile, & épineuse, & qu'il faut l'entreprendre avec la plus grande prudence, avec la plus sage circonspection. Il est si difficile de ne se point égarer dans cette route, que des gens éclairez & pieux même abhorrent cette entreprise comme uniquement propre à porter les hommes foibles à la superstition, & à l'enthouziasme, & à remplir les têtes de certaines vapeurs mélancoliques.

Je ne nie point, qu'on ne puisse faire un mauvais usage de l'idée que je donne ici, & que je croi parfaitement bonne en elle-même. Prescrire aux hommes un devoir général, en leur imposant la nécessité de se conduire par leurs propres lumieres, dans le détail, c'est mettre des cerveaux foibles en danger de donner dans les plus hautes extravagances, de répandre un air ridicule sur les choses les plus graves, & les plus sublimes, & & de confondre leurs imaginations absurdes, avec les effets respectables de la Providence.

De cet abus qu'on fait d'une vérité si utile, dérive comme d'un source féconde une attention absurde & superstitieuse pour les *augures*, pour le *vol des oiseaux*, pour *certains bruits*, & pour mille autres objets imaginaires, ou frivoles, qui n'entrent point du tout dans mon sujet, & dont je me serai toute ma vie un devoir de désabuser les hommes.

Je laisserai-là tous ces sujets ; non que je croye qu'il n'y faille jamais faire attention, mais qu'il est impossible de prescrire à cet égard des régles sûres, & infaillibles ; j'aime mieux me borner à certains incidens, à certaines circonstances extraordinaires, dont la vie de chaque homme est pleine, & qui paroissent avoir une relation toute particuliere avec lui, ou avec sa famille.

Par prêter attention à la voix du Ciel, qui éclate dans ces incidents, j'entends, en faire usage digne d'un chrétien, en recevoir instruction, & en apprendre à se conduire d'une maniere prudente, & circonspecte ; j'entends par-là, respecter les avertissemens,

tissemens, qui paroissent nous venir d'en-haut, & adorer, dans tout ce qui nous arrive, la sainte volonté de nôtre Créateur, sans jamais l'accuser d'injustice, & sans se révolter jamais contre ses ordres. Enfin j'entends par *écouter cette voix*, comparer les differents incidents de notre vie les uns avec les autres, & tirer de cette comparaison des regles utiles, & de sages leçons pour notre conduite.

J'alleguerai pour exemple le commencement de ma propre Histoire. Un jeune homme quite la maison de son pere, en méprisant ses avis, & ses exhortations tendres & raisonnables; il n'a point d'égard pour les prieres, & pour les larmes d'une Mere, qui fait tous ses efforts pour le retenir. Il se met en mer, mais au commencement de sa prémiere course il est arrêté par un naufrage, il ne se sauve d'une mort presque certaine, que par le moyen d'une Chaloupe, qui vient au secours de l'Equipage; à peine y a-t-il mis le pied, qu'il voit le navire, dont il sort, couler à fond. De quelle maniere ce jeune-homme devroit-il se conduire? N'est-il pas obligé d'écouter cette voix de la Providence, qui lui dit de la maniere la plus claire, qu'il ne doit pas pousser plus loin son dessein criminel, qu'il faut qu'il retourne dans le sein de sa famille, & qu'il suive les conseils de ses parens, s'il ne veut pas se précipiter, dans un goufre de malheurs. Cependant ce fils rebelle néglige cet avis salutaire du Ciel, & il en est puni par une vie qui n'est qu'un tissu de Catastrophes.

Un homme de ma connoissance qui avoit rencontré plusieurs de ces incidens, que j'ose appeller *avertissemens du Ciel*, les avoit entierement négligez, & s'étoit moqué ouvertement de ceux qui en étoient plus frappez que lui. Il avoit pris un appartement dans un Village près de Londres, où il cherchoit *mauvaise compagnie*, ou du moins où il lui étoit fort difficile d'en trouver de bonnes.

La Providence Divine qui sembloit s'interesser dans sa conduite, dirigea les choses de telle maniere, que dans cette maison, ou dans le chemin, qu'il devoit prendre pour y arriver, il eut toûjours quelque rencontre désagreable. Il fut plusieurs fois attaqué par des brigands; deux fois il tomba malade, en voulant y aller, & presque toûjours ses affaires prenoient un mauvais tour pendant qu'il se divertissoit dans ce Village avec les compagnons de ses débauches. Ses amis ne négligent rien, pour lui faire faire réflexion à tous ces désastres, & pour l'en faire conclure, que le Ciel l'avertissoit de ne plus mettre le pied dans ce fatal endroit; il méprisa leur conseil à son ordinaire, & dès que ses affaires ou sa santé étoient rétablies, ses passions l'entrainoient vers ses dangereux amis.

amis. Un jour qu'il étoit en chemin il fut prodigieusement surpris par un coup de Tonnerre effroyable, qui tomba tout près de lui ; ce Phenomene fit de plus profondes impressions sur son esprit, que tout ce qui lui étoit arrivé auparavant de plus capable de le détourner de ses courses ; il retourna à la Ville dans le dessein de profiter de cette voix du Ciel, & de ne jamais remettre le pied dans cette fatale maison. Peu de temps après il vit la sagesse du parti qu'il avoit pris ; un incendie terrible ruina de fond en comble la maison en question, & la plûpart de ses amis furent consumez par les flâmes.

On formeroit une idée très-fausse & très-absurde de la conduite de la Providence à l'égard de la Créature raisonnable, si l'on se mettoit dans l'esprit, que chaque circonstance d'un événement eût déterminée d'une maniere si nécessaire & si inévitable, que rien n'en sauroit détourner le coup, & que par conséquent ces sortes d'avertissemens du Ciel sont inutiles & incompatibles avec la nature même de la Providence. Une opinion si bisarre, bien loin de donner une notion sublime de la certitude des Decrets, disputeroit la Souveraineté à la Providence Divine ; elle ôteroit à Dieu le privilege d'être un *agent libre*, & elle seroit démentie par l'expérience continuelle de l'Homme, qui dans la variété des incidens, qui lui arrivent,

dé-

découvre parfaitement & la liberté de Dieu, & la liberté de l'Homme. Un nombre considerable de maux, qui semblent nous pendre sur la tête nous sont prédits d'une maniere si claire, que par cela même nous trouvons les moyens de les éviter; & quand nous les avons évitez, nous pouvons juger, qu'en vertu des Decrets éternels, ils ne devoient pas nous arriver, & que nous les éviterions par notre prudence.

Ceux qui supposent une chaine nécessaire & invariable de causes, & d'évenemens, semblent priver la Providence divine du Gouvernement présent de ce Monde, & ne lui laisser pas la moindre occasion de le diriger d'une maniere conforme à sa sagesse.

Il me semble, qu'on forme une idée fort nette de l'immutablité de la Sagesse, & de la Puissance du Créateur, quoiqu'on la suppose dans une liberté absoluë de conduire *actuellement* le cours des causes naturelles & des événemens qu'elles produisent; il suffit à mon avis, pour l'honneur d'une Divinité immuable, que les incidens communs de la vie soient laissez à la disposition de cette *vertu divine*, que nous appellons *Providence*, pour en ordonner, comme elle le trouve à propos, sans déranger le systême des causes secondes, & les regles du mouvement.

Cette idée me paroît bien plus naturelle que cette notion, qui attache, pour ainsi dire,

dire, *les mains de la Puissance divine* à un *faisseau* de causes & d'effets, de maniere qu'elle ne sauroit *produire ni permettre*, que ce qu'elle a *produit*, ou *permis* de toute éternité.

Avoüons si l'on veut, que nous ne pouvons pas comprendre l'immutabilité de la nature, & des actions de Dieu, & qu'il nous est absolument impossible de la concilier, avec cette *varieté* de la Providence, qui dans toutes ses actions nous paroît dans une liberté entiere de former tous les jours de nouveaux desseins, & de tourner les évenemens d'un tel ou d'un tel côté, comme il plaît à sa souveraine Sagesse; qu'en suivroit-il ? Peut-on conclure, de ce que nous ne saurions concilier ces choses, qu'elles sont absolument incompatibles ? Il vaudroit autant soûtenir que la nature de Dieu est entierement incomprehensible, parce que nous ne la comprenons pas, & que dans la Nature, tout Phenomene, où nous ne penetrons point, est impenetrable. Où est le Philosophe, qui ose se vanger qu'il comprend la cause, qui fait tourner vers le Pole une *aiguille aimantée*, & la maniere dont la vertu *magnetique* est communiquée par un simple attouchement ? Qui me dira, pourquoi cette vertu ne peut être communiquée qu'au fer, & pourquoi elle ne s'attache pas à l'or, à l'argent, & aux autres métaux ? Quel commerce secret y a-t-il entre *l'Aiman* & le *Pole*

du

du Nord, & par quelle force myſterieuſe l'aiguille qu'on y a frottée, ſe tourne-t-elle du côté du *Pole du Sud*, dès qu'on a paſſé la *Ligne équinoctiale*? Nous ne comprenons rien à ces operations de la Nature, cependant nos Sens nous aſſurent, de la maniere du monde la plus inconteſtable, de la réalité de ces operations. A moins que de pouſſer le *Scepticiſme* juſqu'au plus haut degré d'abſurdité, nous devons avoüer qu'il n'y a rien de contradictoire dans ces Phenomenes, quoiqu'il nous ſoit impoſſible de les concilier enſemble, & qu'ils ſont compréhenſibles, quoique nous ne les comprenions pas.

Pourquoi notre ſageſſe ne nous engage-t-elle pas à ſuivre la même méthode de raiſonner, par rapport au ſujet en queſtion? Il eſt naturel de croire que malgré cette apparence de changement, que nous découvrons dans les actes de la Providence, malgré ces deſſeins qui paroiſſent ſe détruire mutuellement & s'élever l'un ſur la ruine de l'autre, rien n'eſt plus certain, & plus réel que l'immutabilité de la Nature, & des Decrets de Dieu. Qu'y a-t-il de plus temeraire, que d'alléguer la foibleſſe & la petite étenduë de la Raiſon, comme une preuve contre l'exiſtence des choſes? Rien n'eſt plus biſarre que de raiſonner juſte ſur les bornes de notre Eſprit, par rapport aux *ſujets finis* de la Phyſique, & de ne point faire

faire attention à la nature de notre Ame, quand il s'agit des operations d'un Etre *infini* disproportionné à nos lumieres.

S'il est donc raisonnable de croire que la Providence divine est libre dans ses actions, & que dirigée par sa propre Souveraineté, elle suit, dans le cours ordinaire des choses humaines, les méthodes, qu'elle trouve à propos, c'est notre devoir de lier un commerce étroit avec cette *partie active* de la Providence, qui influe directement dans notre conduite, sans nous embarasser l'esprit de vaines discussions sur la maniere dont cette Providence influe dans nos affaires, & sur le but qu'elle se propose.

En entrant dans cette correspondance avec cette *vertu active* de la sagesse de Dieu, nous devons en examiner les voyes, autant qu'elles paroissent accessibles à notre penetration, & à nos recherches ; nous devons prêter la même attention à *sa voix secrette*, que j'ai déja eu soin de décrire, qu'à cette *voix claire & forte*, qui nous parle dans les événemens les plus propres à nous frapper.

Quiconque ne se fait pas une étude sérieuse de pénétrer dans le sens de cette *voix secrette*, qui s'offre à son attention, se prive de propos déliberé d'un grand nombre de conseils utiles, & de fortes consolations, dont il sent si souvent le besoin, dans la carriere, qu'il doit courir dans ce monde.

Quelle consolation n'est-ce pas pour ceux qui

qui *écoutent cette voix*, de voir à chaque moment, qu'un pouvoir invisible, & infiniment puissant se fait une occupation, de les conserver, & de ménager leurs intérêts ? Avec cette attention religieuse, il n'est pas possible de ne se pas appercevoir de cette protection; il n'est pas possible de réfléchir sur les délivrances inattendues, que tout homme rencontre dans la varieté des incidens de la vie humaine, sans voir évidemment, qu'il ne les doit point à sa propre prudence, mais uniquement au secours efficace d'une Puissance infinie, qui le favorise, parce qu'elle l'aime.

La maniere, dont nous voyons des évenemens heureux pour nous produits par les causes les plus effrayantes, & qui sembloient nous présager les plus grands desastres, est une marque certaine, non seulement qu'ils sont dirigez par une Cause suprême, qui est l'arbitre absolu des causes, & des effets, mais encore, que cette Cause arme & protege la Créature raisonnable. Dans cette occasion nous devons répondre à des bienfaits si marquez, & qui nous surprennent d'une maniere si agréable, par une joye pieuse, & par une vive reconnoissance; mais quand cette même vertu de Dieu, qui gouverne le Monde, semble se déclarer contre nous, nous sommes dans une obligation tout aussi indispensable, de nous allarmer de la colere de notre Créateur, & de nous courber avec humilité, avec douleur, & avec un vif repentir, sous la main,

main, qui nous châtie pour notre amendement.

Je suis bien sûr, que ces régles de conduite, que je viens d'établir seront tournées en ridicule par certaines gens à la mode; mais ce n'est pas à eux, que j'adresse ce discours; je parle à des personnes qui admettent une vie future, & qui reconnoissent l'Economie d'un Monde invisible, & non pas à des *Athées*, à des *Sceptiques*, ou à des gens indifférens sur leurs plus grands intérêts, & dignes d'être confondus avec ceux qui se font une sagesse de leur irréligion.

Comme il est juste de faire ces sortes de réflexions sur la conduite de Dieu avec l'Homme par rapport aux différens incidens de la vie, il est raisonnable de prendre garde à la méthode avec laquelle la Divinité ménage un nombre infini de circonstances; afin d'en tirer des regles, par lesquelles nous puissions éviter le *mal*, & nous procurer le *bien*.

Il y a des gens qui se livrent à une indolence générale sur tous ces objets importants, & qui privent par là la divine Providence d'une grande partie des hommages, qui sont dûs à sa bonté pour nous. Il y en a encore d'une classe plus abominable, qui frappez d'une délivrance merveilleuse ou d'une terreur subite, regardent les unes sans reconnoissance pour leur Créateur, & les autres sans respect pour sa Majesté redoutable.

Ils sont ingénieux au contraire à se forger
quel-

quelque autre objet, pour lui payer l'hommage de l'amour & de la crainte. S'il leur arrive du bien, ils en cherchent la cause dans les espaces imaginaires ; la prosperité leur vient, *ils ne savent pas comment ; ou par un heureux hazard.* Ce sont là des termes entiérement destituez de sens. C'est le langage d'un Sujet séditieux, qui ne veut pas reconnoître l'empire de son Maître, & de son Roi.

S'ils tombent dans quelque malheur, c'est bien pis encore ; ils tombent dans une rebellion ouverte, & dans le crime de *haute trahison*. Non contens de ne point reconnoître leur dépendance du *Souverain Etre*, ils se soûmettent à l'empire du Diable l'ennemi de la gloire de Dieu, & le rival de sa puissance.

Il y a quelques années, que j'eus le desagrément d'avoir pour compagnon d'un petit voyage deux de ces hommes coupables de rebellion contre la Providence Divine. Après avoir été séparez de moi pendant quelques journées, ils me rejoignirent à un certain gîte, & ils me raconterent une avanture qui leur étoit arrivée pendant le temps qu'ils avoient été separez de moi. Ils me dirent, que dans le chemin de *Huntington* à *Londres*, se trouvant dans quelques allées, qui sont entre *Huntington & Caxton*, l'un fut arrêté pendant une demie heure par son cheval, qui en bronchant s'étoit fait du mal à un pied, & que dans cet intervalle il avoit été attaqué & dépouillé par des Brigands, pendant que

son

son Camarade, ayant continué son chemin sans s'informer de ce qu'étoit devenu son compagnon, avoit échapé à ces scelerats, qui avoient poussé à toute bride à travers les champs du côté de Cambridge.

Eh comment avez-vous été si heureux que d'échapper à ces coquins, dis-je au premier? *Je ne sai*, me répondit-il, le hazard *voulut que je ne regardasse pas derriere moi, quand le cheval de Monsieur broncha,* & par bonheur, *je n'ai rien vû de toute l'affaire.* Hazard, bonheur, voila les causes de la délivrance de ce sage mortel; il sembloit réaliser ces chimeres exprès, pour priver la Providence de l'honneur qui lui étoit dû pour une protection si visible.

N'est-ce pas une infamie horrible pour un Chrétien, de mettre à la place du Maître du Monde une idole plus indigne de notre culte que celle des Chinois, dont j'ai donné la description. Il est vrai que ce sont des monstres horribles, uniquement propres à effrayer l'imagination; mais du moins c'est quelque chose; elles ont une existence réelle, au lieu que *hazard, sort, bonheur,* sont des Phantomes, à laquelle on prête une fausse existence, exprès pour ne pas s'acquiter de ses devoirs envers *l'existence suprême* par qui tous les autres *Etres existent.*

A quelque degré d'extravagance que les hommes portent la bisarrerie de leurs idées, j'avouë que je n'ai jamais rencontré un

Tome VI. H exem-

exemple pareil de honteuse, & de ridicule ingratitude. Mais s'il y avoit dans le discours de ce premier un travers d'esprit impertinent au suprême degré, je trouvai dans le langage de l'autre une impieté si abominable, que j'en fus effrayé.

Après avoir écouté cette extravagante relation, je me tournai vers celui qui avoit été volé, en lui demandant de quelle maniere cette malheureuse avanture lui étoit arrivée. *Que sai-je moi*, me dit-il, *j'étois un peu en arriere ; mon cheval bronche par hazard, & il lui fut impossible de marcher pendant quelques momens. Monsieur ne laissoit pas d'aller toûjours son chemin, quand le Diable, qui ne dort jamais, m'envoya ces trois marauts, qui m'arrêterent, & me mirent nud comme la main.*

C'étoit le *hazard*, qui avoit fait broncher son cheval, mais c'étoit par la direction du *Diable*, que les voleurs de grand chemin l'avoient dépouillé.

J'avoüerai volontiers, que ces brigands par leur profession même étoient au service du Diable, & qu'ils imitoient leur Maître en courant çà & là, pour chercher de la proye. Mais je sai bien aussi, que c'étoit un pouvoir supérieur à celui du Démon, qui avoit livré ce Voiageur entre les mains de ces *Serviteurs de l'Enfer*.

On peut prouver cette verité d'une maniere incontestable, par la phrase dont se
sert

sert l'Ecriture Sainte, en parlant des *Homi-cides*, qui sont faits sans mauvaise intention, & comme l'on parle, d'une manière casuelle; *Exod.* XXI. v. 13. nous voyons ces paroles, *si un homme ne tend point des embuches à un autre, & que Dieu le livre entre ses mains.* C'est-à-dire, si un homme n'a pas intention d'ôter la vie à un autre, mais s'il le fait pourtant par imprudence, ou par un incident, qu'il n'a pas été le maître de prévoir, &c.

On voit par là que c'est la Providence Divine qui dirige de pareils malheurs, & qu'un homme tué par un cas imprévû, est un homme que Dieu *a livré* entre les mains d'un autre. Ce n'est pas à nous à rechercher ici avec curiosité, quelle raison porte la Divinité à causer des malheurs de cette nature. Si nous n'y découvrons pas une punition évidente, nous n'avons qu'à supposer, que la Providence ne fait rien d'indigne de la Sagesse & de la Justice de Dieu.

De quel front un homme ose-t-il mettre sur le compte *d'un hazard malheureux*, ou *du Diable*, ces événemens, que Dieu lui-même attribuë à sa Providence? Quelle ridicule audace n'y a-t-il pas à se servir d'expressions vuides de sens, pour se détourner de l'amour, & de la crainte, qu'on doit à la Bonté & à la Justice du Créateur?

Pour faire sentir encore plus fortement à ces impies l'extravagance criminelle de leurs discours & de leurs pensées, il sera bon d'alléguer un autre passage très propre à éclaircir celui que je viens de citer. Voici ce que nous lisons au Chap. XIX. du *Deuteronome*, v. 5. *Quand un homme entre dans la forêt avec son prochain pour couper du bois, & que sa main leve la hache pour porter un coup; si la hache glisse sur l'écorce & tombe sur la tête de son prochain, qu'il en meure, il s'enfuira dans une de ces villes, & il vivra.* Ce sont là ces sortes d'accidens que Dieu veut qu'on attribuë à sa Providence, & certainement ils ne sont pas d'une nature différente avec le malheur qui étoit arrivé à mon compagnon de voyage. La maniere dont son cheval blessé l'avoit arrêté justement le temps qu'il falloit pour être rencontré par des voleurs, qui piquoient à travers champs, apparemment pour faire quelque autre expédition, auroit dû lui faire penser, que toutes ces circonstances avoient été ménagées par la Providence, pour le châtier, & pour lui faire sentir qu'il étoit dépendant de son Créateur. Il étoit de son devoir de recevoir ce châtiment avec une pieuse mortification, comme son compagnon, que son inattention pour son camarade avoit dérobé à un malheur semblable, étoit obligé de répondre à cette délivrance, par une gratitude vive & sincere.

Malheureusement la conduite de ces étourdis n'a pas un caractere de singularité, & je crois qu'il y a peu de mes Lecteurs, qui n'ayent vu de pareils sentimens exprimez par un semblable Langage.

Il

Il est vrai d'un autre côté, qu'il y a un nombre considérable de personnes, qui ne se rendent pas coupables de l'horrible impiété de mépriser la Providence, & d'en attribuer les effets respectables au Hazard, ou bien au Démon. Mais il ne suffit pas d'éviter un crime si grossier, pour être dans la disposition, que j'ai pour but principal de recommander ici. Il y a une aussi grande différence entre *reconnoître les opérations de la Providence, & prêter attention à sa voix secrette*, qu'il y a entre *admettre l'existence d'un Dieu, & obeïr à ses ordres*.

Ecouter la voix de cette Providence, c'est prendre garde de près à chacune de ces opérations, qui semblent nous concerner d'une maniere particuliere, c'est remarquer avec attention s'il n'y a pas quelque chose de capable, de nous prescrire des régles de conduite; si elles ne contiennent pas quelques avertissemens pour nous détourner d'un danger; ou si elles n'indiquent pas certains moyens de nous procurer quelque avantage; si elles ne nous rappellent pas dans l'esprit quelque chose que nous ayons négligé de faire, ou quelque faute dont nous nous soyons rendus coupables. Enfin si elles ne nous offrent pas quelque marque de la Justice Divine, qui ait relation à un crime qui y soit proportionné.

Il n'est pas difficile d'appercevoir la différence essentielle qu'il y a entre les *Avertissemens de la Providence*, quand on y fait l'attention, qu'ils méritent, & entre ceux, qui nous viennent des Esprits, qui nous sont députez d'un Monde invisible. Les derniers indiquent le mal d'une maniere obscure, & ne sont pas accompagnez d'ordinaire des préceptes nécessaires, pour nous le faire éviter; mais les premiers, quoi qu'ils nous soient donnez par une voix qui n'est guere éclatante, nous enseignent la plûpart du temps les moyens de sortir de l'embarras, qu'ils nous font découvrir; souvent même ils nous prennent, pour ainsi dire, par la main, pour nous faire prendre des mesures justes, & ils convainquent nôtre Raison de la nécessité qu'il y a à s'en servir.

En vain ajoûterois-je à ce petit nombre de préceptes, un ample recueïl de faits, pour les appuyer par la force des exemples; la variété des opérations de la Providence est infinie; elles varient selon les circonstances particulieres, où se trouve chaque individu humain, & par conséquent chaque homme attentif, comme il faut, aux incidens, dont sa vie est pleine, doit se former des regles particulieres, pour profiter de mes Principes généraux. S'il en fait un bon usage, il trouvera dans les Avantures de sa vie un grand nombre de motifs qui le portent *à regarder vers le Ciel, à regarder autour de lui, & à jetter les yeux sur son propre cœur.*

Chacun de ces trois chefs pourroit fournir matiere à un Traité complet; mais ma Profession

fession ne m'engage pas à faire des Sermons en forme ; je me contente de faire quelques réflexions détachées, permis à ceux, qui le trouveront à propos, de les étendre, & de les mettre dans un plus grand jour. Je me contenterai de donner une courte description des trois points dont je viens de faire mention.

1°. Les effets de la Providence font *regarder les hommes en haut*, quands ils reconnoissent la Clémence de Dieu, qui les épargne, sa Bonté qui pourvoit à leurs besoins, la Puissance, dont il se sert pour les proteger, & pour les tirer des dangers, & la Justice qui les châtie, & sous laquelle ils doivent s'humilier avec la plus profonde douleur.

2°. Les effets de la Providence nous engagent à *regarder autour de nous*, quand dociles aux avertissemens du Ciel nous prenons les précautions nécessaires, pour éviter les malheurs, ou pour les soûtenir avec une fermeté Chrétienne.

3°. Ils nous font *jetter les yeux sur nôtre propre cœur*, quand nous cherchons en nous-mêmes les mauvaises dispositions, qui nous attirent ces châtimens de Dieu, & quand devenus sages par ces desastres, nous formons le dessein de nous en repentir, & de réformer nôtre conduite.

Voilà en peu de mots ce que j'appelle *écouter la voix de la Providence*.

CHA-

CHAPITRE VI.

De la proportion qu'il y a entre le Monde Chrétien, & le Monde Payen.

J'Ai déja touché cette matiere, dans mes recherches à l'égard de l'état où la Religion se trouve dans le monde. Mais après avoir fini cet Article, il m'est venu dans l'esprit un bon nombre de Réflexions, que je crois trop instructives & trop curieuses pour ne les pas communiquer à mes Lecteurs.

Quand nous examinons le Globe Terrestre d'une maniere geographique, & que nous en partageons toute l'Etenduë en *Degrez*, & en *Lieuës*, nous en voyons une bonne partie sous le Gouvernement de Princes Chrétiens, ou du moins dépendante de leur Commerce & de leurs Colonies.

Je n'oserois dire néanmoins, que cette vuë me découvre un accomplissement absolu de cette Prophetie, qui promet au Royaume de Jesus-Christ un *Empire sur toutes les Nations, jusqu'aux bouts de la Terre*. Je croi pouvoir dire sans profanation, que nous pouvons esperer, que Dieu ne nous obligera pas de prendre ainsi ses promesses au rabais.

Je suis persuadé, que Dieu toûjours fidelle dans ses promesses, fera voir un jour aux Chrétiens un temps heureux, où *la connoissance de Dieu couvrira toute la Terre, comme les Eaux couvrent le fond de la Mer; où le Temple du Seigneur sera ouvert vers les quatre Vents; où la Montagne de sa Maison sera exaltée au dessus du sommet des autres Montagnes, & où tous les Peuples s'empresseront d'y entrer*; enfin où la Religion Chrétienne sera l'Eglise dominante de tout l'Univers.

Dans une race d'homme aussi charnelle & aussi mondaine que celle-ci, je passerois peut-être pour un *Esprit Apocalyptique* & visionaire, si j'entreprenois de commencer ces passages, ainsi sans m'ériger en Interprete de l'Ecriture Sainte, je me contenterai de profiter moi-même des lumieres que je puis avoir là-dessus. On aimera mieux sans doute que je fasse quelques réflexions sur les choses presentes, dont on peut examiner la réalité par le seul secours des Sens, & que je laisse les évenemens futurs à la libre disposition de celui qui a reglé les choses passées, & qui seul a une idée juste de l'avenir.

Mon but principal est de parler dans ce discours de la proportion géometrique, qu'on peut observer sur le Globe entre l'espace de la Terre, qu'occupent les Peuples Chrétiens, & entre celui qui est habité par les Peuples qui professent un autre Culte. En examinant ces Païs occupez par les Chrétiens, je me bor-

bornerai à ceux, où leur Religion est dominante & Nationale, sans prendre garde aux autres Sectes, qui peuvent être mêlées parmi eux. De cette maniere je rendrai mon calcul aussi avantageux pour eux, qu'il sera possible.

Je ne me mêlerai pas de distinguer les Chrétiens en differentes classes, & de ne donner ce titre, qu'à ceux dont la Religion épurée & conforme à l'Ecriture Sainte paroît mériter seule d'être appellée Chrétienne. On voudra bien me permettre de donner ce nom glorieux à l'*Eglise Romaine*, & de n'être pas moins favorable à l'*Eglise Grecque*, quoiqu'elle soit extrêmement chargée de Coûtumes superstitieuses barbares, sur tout dans la Georgie, dans l'Arménie, comme aussi sur les Frontieres de la Perse & de la Grande Tartarie. La Religion Grecque n'est pas moins mêlée d'absurditez grossieres dans l'Empire du Czar de Moscovie; où à peine prononce-t-on le nom de J. CHRIST, bien loin d'avoir une idée exacte de sa Personne, de sa Nature, & de sa Dignité.

En donnant de cette maniere le nom de Chrétiens à tous les Peuples, chez qui la Religion de JESUS-CHRIST est dominante, sans avoir égard aux differentes Sectes, & à leurs subdivisions, on peut mettre dans cette classe, les Nations qui habitent les Païs suivans.

1. En Europe il y a l'Allemagne, la France,

ce, l'Espagne l'Italie, la Grande Bretagne, le Danemarc, la Suede, la Moscovie, la Pologne, la Hongrie, la Transilvanie, la Moldavie, & la Walachie.

2. En Asie l'on trouve la Georgie, & l'Arménie.

3. En Afrique le Christianisme n'est nulle part * National, & il n'est professé que dans quelques Bureaux de Marchands Européens.

4. Dans l'Amérique il n'y a que les Colonies suivantes des Peuples de l'Europe.

1. Celles des Espagnols dans le Mexique, dans le Perou, sur les Côtes du Chili, de Carthagene, & de Ste Marthe, à Buenos Ayres, & près de la Riviere de la Plata.

2. Celles des Portugais dans le Brezil.

3. Celles de la Nation Britannique sur les Côtes de l'Amérique, depuis le Golphe de la Floride jusqu'au Cap Breton vers l'Embouchure du Golfe de Saint Laurent, ou de la grande Riviere de Canada, ausquelles il faut ajoûter les petites Colonies, qu'elle a dans la Terre-Neuve, & près de la Baye de Hudson.

4. Celles des François sur la Riviere de Canada, & sur le grand Fleuve Mississipi.

5. Celles des Anglois, des François, & des Hollandois dans les Isles Caraibes.

---

* Il est surprenant que l'Auteur oublie l'*Abyssinie*, cette grande partie de l'Afrique peuplée de Chrétiens.

On voit par là que le Siége du Chriſtianiſme eſt principalement en Europe. Cependant ſi en meſurant ſur le Globle cette partie du Monde, nous jettons les yeux ſur ſes Contrées les plus ſeptentrionales, que le Froid exceſſif rend preſque inhabitables, comme la Laponie, Petzora, Candora, Obdora, le Païs des Samoiedes, & une bonne partie de la Siberie, nous n'y trouverons gueres que des Payens. On peut dire de même de certains Deſerts, qui ne ſont pas extrêmement peuplez, du côté de l'Orient, vers les Frontieres de Perſe. Quoique cette étendue de Terrain dépende de l'Empire du Czar de Moſcovie, les Habitans en général ne ſont guidez dans leur Culte, que par les Coûtumes barbares d'un Paganiſme groſſier.

Si de là nous nous tournons du côté du Sud, nous devons ſeparer de l'Europe Chrétienne tous les Tartares Européens, comme ceux de *Circaſſie*, de *Crimée*, & de *Budziack*. De plus, il faut tirer une ligne de la petite Tartarie juſqu'au Danube, & de là juſqu'à la Mer Adriatique, pour couper des Etats Chrétiens tous les Païs qui dépendent de l'Empire Turc, & de cette maniere il ne reſtera gueres pour le Chriſtianiſme, que les deux tiers de cette partie du Monde, dont il s'agit ici. Si l'on vouloit en retrancher encore la Laponie Suedoiſe, & la Norwegienne, avec les parties les plus Orientales,

tales, & les plus Meridionales de la Moscovie, de l'autre côté du Wolga, qui s'étendent jusqu'à la Grande Tartarie, nous verrions qu'à peine une moitié de l'Europe resteroit pour le Christianisme.

Le Czar de Moscovie, dont les Sujets ont une Religion telle que je l'ai dépeinte, est Seigneur d'une si grande étendue de Païs que ceux, qui l'ont examinée avec attention, soûtiennent qu'elle égale la moitié de l'Europe. Mais parmi les Nations, qui lui sont soûmises, il y en a plusieurs qui sont Mahometanes, ou Payennes.

Cependant puisque ces Peuples sont gouvernez par un Prince Chrétien, je veux selon le plan que j'ai d'abord dressé, donner le nom de Païs Chrétien à tout ce vaste espace, & selon ce calcul on peut donner à peu près au Christianisme les deux tiers de l'Europe.

En récompense je suis d'avis qu'il ne faut pas compter un seul Chrétien dans les trois autres Parties du Monde, excepté les Arméniens, & les Georgiens dans l'Asie. Ceux qui se trouvent dans le Continent de l'Afrique, sont en si petit nombre, qu'ils ne peuvent presque point entrer en ligne de compte. Ils ne consistent qu'en quelques Marchands qui résident dans les Villes qui sont sur les Côtes de la Mer Mediterranée, comme Alexandrie, le Grand Caire, Tunis, Tripoli, Alger ; on doit y ajoûter encore les Bureaux, qu'ont les Anglois & les Hollandois sur la Côte de Guinée, sur la Côte d'or, sur celle d'Angola, & au Cap de Bonne-Espérance ; mais tous ces Chrétiens ne vont pas selon le calcul, qu'en ont fait de très-habiles gens, au nombre de cinq mille, excepté pourtant les Esclaves Chrétiens, qui se trouvent à *Salé*, à *Alger*, à *Tunis*, & à *Tripoli*, mais qui ne sont pas à beaucoup près aussi nombreux que les premiers.

Il faut avouër qu'il y a une quantité considérable de Chrétiens dans l'Amérique ; Dieu sait jusqu'à quel point ils méritent ce nom ; de quelque Nation qu'ils puissent être, François, Anglois, Hollandois ou Espagnols, ils ont la Religion fort peu à cœur ; à peine en ont-ils une idée superficielle. Il y a des parties de l'Amérique entierement assujetties aux Nations Européennes, qui ont presque absolument détruit les gens du Païs, & par conséquent selon mon plan ces Contrées doivent passer pour Chrétiennes.

Mais qu'est-ce que c'est que leur nombre en comparaison des Habitans naturels de cette grande Partie du Monde, qui a trois fois plus d'étendue que notre Europe, & dans laquelle il y a un nombre infini de Peuples inconnus, où ni les Espagnols, ni les François, ni les Anglois n'ont jamais pénétré. Témoin ces Villes peuplées & ces

Nations nombreuses que le Chevalier *Gautier Raleig* dit avoir rencontrez dans son Voyage sur le Fleuve *Oronoeque*, & dont il y en a qui se vantent d'être composées de plus de deux millions d'Ames. Témoins cette foule de Peuples répandus de l'un & de l'autre côté de la *Riviere des Amazones*, & le vaste espace de Païs, qui est entre ses deux Fleuves, & qui s'étend plus de quatre cens Milles en largeur, & tout au moins seize cens en longueur, sans compter son étendue du côté du Sud, & du côté du Sud Est', vers le Brezil, ce Païs si riche, si fertile, & si peuplé, & dans lequel selon l'idée qu'on nous en donne, il doit y avoir plus d'Habitans, qu'on n'en trouve dans toute la partie de l'Europe occupée par les Chrétiens. Il n'y a rien là de surprenant ; c'est le principal Païs de l'Amérique, où les Espagnols n'ont jamais mis le pied, & où se sont retirez les Peuples qui ont été effrayez par leurs armes, & par le bruit de leurs cruautez. Il est tellement fortifié de larges Rivieres, de Bayes difficiles à passer, & de Courans rapides & dangereux ; il est si bien défendu par le nombre des Habitans, par la chaleur du Climat, par les Montagnes, & par d'autres Remparts naturels, que jamais les Espagnols n'ont osé former le dessein de se l'assujettir.

Il est aisé de comprendre par là, que le nombre des Chrétiens en Amérique doit être très-peu de chose en comparaison de cette foule de Peuples, qui occupent tout ce vaste terrain, sur tout si l'on y ajoute les Nations qui doivent habiter le Nord duquel on n'a pas encore fait la découverte. Les Colonies de la Nation Britannique, sont beaucoup mieux peuplées à proportion, que celles des Espagnols, qui occupent un terrain beaucoup plus étendu.

Celles que nous avons dans le Nord de l'Amérique contiennent plus de trois cens mille ames, si l'on y renferme la *Nouvelle Ecosse*, la *Nouvelle Angleterre*, la *Nouvelle York*, la *Nouvelle Jersey*, la *Pensilvanie Orientale*, & *Occidentale*, la *Virginie*, la *Caroline*, &c. Toutes ces Colonies sont étendues sur la côte depuis la Latitude de 32 degrez, jusqu'à celle de 47, ce qui fait à peu près 750 Milles en longueur. Mais il faut considerer qu'une grande partie de ce Païs, est fort maigrement peuplé, & que du côté de l'Ouest sa largeur est très-peu de chose. Excepté quelques plantations dans la *Virginie*, dans le païs appellé *Raphanoc*, & dans un petit nombre d'autres endroits, on ne voit rien à cent Milles dans les terres, que des Deserts, & d'épaisses Forêts, dont les habitans se sont retirez apparemment plus avant dans le païs, pour éviter leurs ennemis les Chrétiens.

De cette maniere toutes ces Colonies, quelque considerables qu'elles soient, n'occupent

pent qu'une Langue de terre fort étroite sur les côtes de la Mer, & les Plantations des Anglois ne sont gueres éloignées de plus de vingt milles de l'Ocean, ou de quelque Riviere navigable, & l'on peut dire encore que cette langue de terre n'est pas extrêmement habitée, sur tout depuis la *Nouvelle Angleterre jusqu'à la Nouvelle York, depuis la Nouvelle Angleterre jusqu'à Annapolis, & depuis la Virginie jusqu'à la Caroline.* Ainsi toutes ces Colonies ensemble, quand on y joindroit celle des François à Canada, n'occupent qu'un point de terrain, en comparaison de cette vaste étendue de païs qui est à l'Ouest & au Nord-Ouest d'elles, jusques à la Mer du Sud, & qui est remplie d'un nombre prodigieux de grandes Nations, qu'on ne connoit que par les Relations confuses, que nous en ont données d'autres Peuples Amériquains.

Si nous séparons la partie septentrionale de l'Amérique de tout ce que les Espagnols possedent sous le nom de l'Empire de Mexique, & de tout ce que les Anglois ont occupé, nous trouverons un païs fort peuplé, autant qu'on en peut juger par les courses qu'on a faites dans quelques-unes de ses parties, & beaucoup plus grand que toute l'Europe.

Dans cette étendue de terrain je ne mets pas seulement en ligne de compte les païs les plus avancez vers le Pole, & presque inha-

inhabitables par le froid excessif. Il n'est pas possible d'en trouver la fin, & il est indubitable que c'est un même Continent avec les parties les plus septentrionales de l'Asie, ou du moins, qu'il ne doit y avoir entre deux, qu'un petit Détroit facile à passer par les hommes & par les bêtes. Sans cela il est très-mal aisé de rendre compte de la maniere dont cette grande partie du Monde a été peuplée. Quoiqu'il en soit, ce Continent d'une grandeur prodigieuse est sans doute habité par plusieurs millions d'hommes enveloppez des ténebres de l'Idolatrie, & du Paganisme, adorateurs ignorans & aveugles du Soleil, de la Lune, des Etoiles, des Montagnes, & même du Diable.

Pour ce qui regarde la connoissance du vrai Dieu, & la doctrine de l'Evangile, les Amériquains n'en ont jamais entendu parler, jusqu'à l'arrivée des Espagnols dans l'Amérique. Je dis plus ; à present même que les Chrétiens sont mêlez avec eux, on ne voit gueres que leur Idolatrie soit beaucoup diminuée, si ce n'est pas les ravages épouventables, que les Espagnols ont fait par tout où ils ont mis le pied, & par la cruauté avec laquelle ils ont détruit les Idolatres au lieu de les convertir. On peut en juger, par la Relation, qu'en donnent leurs propres Ecrivains, qui assurent, que ceux de leur Nation ont massacré plus de 70. millions de ces pauvres Indiens.

Sans

Sans cette barbarie afreuse l'Amérique seroit encore dans le même état où elle se trouvoit il n'y a qu'une centaine d'Années, quand tout ce Continent étendu presque d'un Pole à l'autre, avec toutes les Isles dont il étoit environné, & avec ce prodigieux nombre d'habitans étoit entierement dévoué au culte du Diable. Il y a beaucoup d'apparence que cette abominable Religion qui a duré jusqu'à ce que *Ferdinand Cortès* fameux Capitaine de *Charles Quint* débarqua dans le Golphe de Mexique, a eu la vogue chez tous ces Peuples, depuis le commencement du Monde, ou du moins depuis que la Terre a été peuplée de nouveau par Noé, & par sa famille.

Il est vrai, que nous avons entendu dire des choses terribles de la fureur, dont les Espagnols ont exterminé des Nations entieres par le fer, & par le feu, mais comme je suis du sentiment, que nous devons attribuer tout ce qui arrive dans le Monde à la direction de la Providence, je regarde les malheurs de ce Peuple comme un effet de la Vangeance divine, dont les Espagnols n'ont été que les Instrumens. Certainement ces Nations avoient bien mérité les châtimens les plus rudes, puisque par l'instigation du Diable, ils avoient poussé leur horrible coûtume de sacrifier des hommes à un tel excès, qu'il étoit temps, que le Ciel arrêtât cette barbarie, qui auroit détruit à la fin des Nations entieres par une boucherie continuelle. On

On peut juger de l'énormité de ces sacrifices par le seul *Temple* consacré à la grande Idole *Vizilipuzli* dans la Ville de Mexique, où par ordre du Roi *Motezuma*, on immoloit chaque année vingt mille personnes, & dont les murailles étoient couvertes d'un pied de sang caillé qu'on y jettoit apparemment, pour observer quelque rite de cette Religion infernale.

La Justice Divine trouva bon à la fin de mettre des bornes à toutes ces abominations, en effaçant ces Peuples de dessus la surface de la Terre, par le moyen d'une Nation étrangere, qui détruisit leur Idolatrie en renversant les Temples des Idoles, & en taillant en pieces tous les habitans sans respecter ni sexe, ni âge. Cette Nation, quoi qu'elle commît un crime afreux par ce massacre, doit pourtant être considerée à cet égard, comme un instrument, dont Dieu trouvoit à propos de se servir, pour exterminer des Peuples, qui avoient comblé la mesure de leurs iniquitez, & qui étoient indignes d'être au nombre des vivans.

Il est fort apparent, que quand Dieu extermina tant de Peuples Payens par les Israëlites, Moïse, Josué, & les Enfans d'Israël ne furent pas moins accusez d'inhumanité pour avoir razé les villes, & détruit les peuples sans épargner le bétail, & les arbres fruitiers, que le sont les Espagnols pour les massacres, qu'ils ont faits en conquérant le Mexique.

On peut deviner l'idée horrible, qui s'étoit répandue de tous côtez, de la barbarie des Israëlites, par la fuite de tous les Peuples d'alentour, qui se hâterent de chercher un azile dans d'autres parties du Monde. Les premiers fondateurs de Carthage, à ce que nous disent les Histoires, étoient quelques Pheniciens, ou plûtôt Cananéens, qui long-temps avant l'Epoque de la fable de Didon, s'étant retirez de leur patrie, & étant arrivez sur les Côtes d'Afrique, trouverent bon d'y bâtir une Ville. La verité de ce fait est prouvée par une Colonne de pierre, qu'on a trouvée à une petite distance de Tripoli, & où l'on a trouvé gravez ces mots en Caracteres Pheniciens; *nous sommes de ceux, qui s'en sont fuis de devant la face de Josué le Brigand.* La différence, qu'il y a pourtant entre la conduite des Enfans d'Israël, & entre celle des Espagnols, c'est que Josué est justifié, par les ordres positifs, qu'il avoit reçus de la bouche de Dieu même, *de mettre tous ces peuples à l'interdit;* au lieu que les Espagnols n'ont exterminé les Nations les plus abominables de la Terre, que par une direction secrette de la Providence, qui ne sauroit jamais servir d'excuse aux crimes des Hommes.

J'en reviens à mon calcul. Quoi que les Espagnols, à qui je veux bien donner le titre glorieux de Chrétiens, se soient mis en possession de l'Empire du Mexique, & de celui du Perou, & qu'ils y ayent exterminé plusieurs

sieurs millions d'hommes, le nombre des habitans naturels cependant est supérieur de beaucoup, à celui des Maîtres de ces Païs; qu'on ajoûte encore à ces derniers les Indiens qui n'ont du Christianisme que la simple dénomination, tous les Portugais du Brezil, tous les Anglois, & François, qui se sont établis dans le Nord; en un mot, qu'on mette ensemble tous les Chrétiens qui se trouvent dans l'Amérique, ils ne pourront pas contrebalancer une seule Nation Payenne ou Mahometane de l'Europe. Prenons, par exemple, les Mahometans, qui habitent sur les bords du Pont Euxin, le païs, qu'on appelle la *petite Tartarie*; il est certain, qu'ils sont supérieurs en nombre à tous les Chrétiens de l'Amérique. Par conséquent on voit sans peine, que je ne fais pas le moindre tort à l'étenduë du Christianisme, en supposant, qu'il n'y a pas un seul Chrétien dans l'Afrique, dans l'Amérique & dans l'Asie, excepté les Georgiens, & les Arméniens; à condition que de l'autre côté on considere comme Païs Chrétien toutes les contrées de l'Europe, soumises à des Princes, qui font profession d'adherer à la Religion de JESUS-CHRIST.

Voila un compte juste, mais mortifiant de l'étenduë du Christianisme dans le Monde. Si les Souverains les plus puissants de l'Europe y faisoient une sérieuse réflexion, il est vraisemblable, qu'ils songeroient à trouver quelque moyen pour rendre les autres païs du Mon-

Monde accessibles à la Foi. Je ne suis nullement d'opinion, que la guerre puisse être une méthode légitime & raisonnable de convertir les hommes, mais puisque les Monarques Chrétiens de l'Europe, malgré leur petit nombre, sont si fort supérieurs aux autres Souverains du Monde, par rapport à la bonté des troupes, & à l'art de faire la guerre, il est certain, qu'ils pourroient préparer la voye à la Religion de JESUS-CHRIST, si un intérêt commun les portoit à unir leurs forces. Ils seroient en état, dans ce cas, non seulement de bannir le Paganisme du Monde en très-peu de temps, mais encore de détruire l'Empire de Mahomet en ruinant la puissance du grand Seigneur, & du fameux Monarque des Persans.

Je ne crois pas donner dans l'hyperbole en soutenant, que nos Soldats sont tellement supérieurs à present à ceux des Turcs, que si les Monarques Chrétiens, après la Bataille de Belgrade, avoient envoyé au Prince Eugene quatre-vingt mille Hommes de vieilles troupes, & qu'ils les eussent pourvus de vivres & d'argent par la Mer Adriatique & dans l'Archipel, ce Général auroit été capable de chasser les Mahometans de l'Europe, en deux ou trois campagnes, de prendre Constantinople, & de ruiner de fond en comble l'Empire des Turcs. Une conquête si importante, & en même-temps si légitime, n'auroit-elle pas donné à la Religion Chrétienne une excellente

lente occasion de sortir de ses bornes, & de s'étendre considérablement ? Le Roi d'Espagne pourroit chasser de leurs nids avec la même facilité ces fils de l'Enfer, les Habitans d'Alger, de Tunis, & de Tripoli avec les autres Corsaires Mahometans, qui occupent la même Côte & relever de leurs ruines les Sieges fameux de *Tertullien*, & de St. *Cyprien*.

Que dirons-nous du Grand Czard de Moscovie, ce Prince si glorieux, & si entreprenant ? Ne pourroit-il pas, étant assisté, comme il faut, des Monarques du Nord ses voisins, qui ont à leur disposition les meilleures troupes de l'Univers, marcher avec une armée invincible de 360000. Fantassins & de 160000. Cavaliers, en dépit des Forêts & des Deserts, à la conquête du célébre Empire de la Chine ? Cette fiere Nation, malgré ses forces innombrables, malgré les ressorts prétendus de sa politique rafinée, malgré sa discipline militaire, dont elle se vante avec tant d'ostentation, auroit bien de la peine à se défendre contre une telle armée. Pour moi je suis sûr, qu'elle ruineroit toutes les armées réünies de ce vaste Empire avec moins de peine, que n'en eut Alexandre avec ses trente mille Macedoniens, à détruire l'armée de Darius forte de 680000. Combatants.

Ce projet n'est nullement ridicule & impratiquable ; je sai bien qu'il faudroit faire un chemin de plus de 3000 Milles d'Angleterre ; mais quand une armée ne trouve pas

pas d'autres obstacles, que la longueur de la route, elle les surmonte avec moins de peine, qu'on ne se l'imagine.

Il y auroit une autre difficulté, qui paroît d'abord plus terrible, c'est de trouver des vivres pour cette armée dans cette longue marche à travers des deserts. Mais un Prince aussi puissant que le Czar, & Maître Despotique d'un si prodigieux nombre de Sujets, ne trouveroit il pas assez de gens, pour conduire à des lieux marquez une quantité suffisante de toutes sortes de provisions?

Il me semble que d'entreprendre de pareilles expéditions dévroit paroître aux Princes Chrétiens un acte de charité pour tant de milliers d'ames plongées dans les plus funestes ténébres, & qu'ils dévroient se croire heureux d'être des instrumens entre les mains de la Providence, pour accomplir les promesses du Sauveur, en plantant la Religion Chrétienne parmi les Mahometans, & parmi les Payens, & en soumettant tout l'Univers à JESUS-CHRIST son véritable Roi. Je suis bien sûr, que de cette maniere ils ne pourroient pas planter réellement la Religion dans l'ame des Infidelles. La force ne sauroit qu'ouvrir une route à la Paix Evangelique. Il faut que les Soldats des Rois de la Terre combattent, afin que les Soldats du Roi du Ciel trouvent occasion de faire des Conquêtes.

Il ne s'agit que de frayer le chemin à la

Prédication de la Parole de Jesus-Christ, & de rendre les Payens, & les Mahometans accessibles au Ministere de l'Evangile. Si alors les Prédicateurs ne réüssissent pas malgré tout leur zele, & tous leurs efforts, & que les Infidelles continuent à s'attacher avec opiniâtreté à leurs erreurs grossieres, les Princes Chrétiens, & les Ministres de l'Evangile auront fait leur devoir, & si les ennemis de nôtre Foi restent dans leur malheur, ce sera leur propre faute ; mais je ne croi pas qu'une si mauvaise réüssite soit fort à craindre. Que la force des armes bannisse seulement de la face de la Terre le *Diable*, & *Mahomet*, qu'on ne néglige rien pour répandre dans leurs Empires les véritez salutaires du Christianisme, & qu'on y instruise les Peuples avec douceur, & avec charité ; il est probable qu'en peu de temps le succès répondra aux efforts, & que l'étude de la véritable Religion deviendra l'étude favorite de tout le Genre-humain.

Je m'attends ici à une objection assez forte de la part de certaines gens, qui se font toûjours un plaisir de traverser les meilleurs desseins par leurs difficultez. *De quelle maniere*, diront ils, *les Chrétiens, tels qu'ils sont à present, peuvent ils se mettre dans l'esprit de convertir les Infidelles à la Religion de Jesus-Christ, dans le temps qu'ils ne conviennent pas les uns avec les autres des points fondamentaux de cette Religion ? Elle*

est

est tellement divisée en différentes Sectes, & chaque Secte est sujette à tant de nouvelles subdivisions, qu'il est impossible de s'accorder sur les articles dont il faudroit instruire les Payens, & les Mahometans. D'ailleurs il y a si peu de charité, parmi ces Chrétiens si malheureusement divisez, que plusieurs d'entre eux aimeroient mieux se déclarer pour Mahomet, que contribuer à la propagation d'une doctrine, qu'ils condamnent comme hérétique. Les Membres du Corps Protestant se feroient une affaire capitale de ne pas souffrir, que par une telle conquête le Papisme s'acquît de nouvelles forces, & les Catholiques R. regarderoient comme un devoir aussi essentiel l'extirpation du Protestantisme qu'ils considerent comme une Hérésie damnable, que de ruiner le Paganisme, & le Culte adressé au Demon.

Je ne sai que trop, que même de Protestans à Protestans, les divisions sur les matieres de la Religion Chrétienne sont poussées à un tel excès de fureur, par un Zele destitué de charité, que, s'ils ne se traitent pas les uns les autres d'adorateurs du Diable, ils ne laissent pas d'appeler souvent les sentimens opposez à leurs principes, des Hérésies abominables & des Doctrines du Démon, & qu'ils se persécutent mutuellement avec une rage égale à celle dont autrefois les Payens furent animez contre les Chrétiens de l'Eglise primitive. Témoin ces abominables violences, qui ont regné parmi les *Presbyteriens*

& les *Episcopaux* dans l'Ecosse, & dans le Nord de l'Irlande, qui ont souvent éclaté en guerres cruelles dont les flammes n'ont jamais été éteintes que par le sang des deux partis.

Témoin encore ses persécutions sanglantes, ces Massacres, & ces autres actions barbares, qui ont été parmi les Chrétiens, les effets d'un zele aveugle pour leur Religion. Dans son institution elle ne fut pas plantée, par le fer, & arrosée de sang, & par conséquent il n'y a rien au monde de plus contraire aux intentions de son fondateur, que de forcer ses freres par ces moyens cruels & violents, à embrasser quelque opinion particuliere.

Quoique je tombe d'accord de toutes ces tristes veritez je n'y trouve point une raison, qui doive nous faire négliger le devoir indispensable de tâcher à nous soumettre les Peuples Idolatres, dans la vuë d'extirper le culte du Diable, qui non seulement est l'Ennemi de Dieu, & de la véritable Religion, mais qui est le déstructeur des hommes en général, & de leur felicité future, en faisant tous ses efforts, pour les retenir dans l'erreur, & dans l'ignorance.

Je croi qu'il faut distinguer extrêmement entre *forcer les gens à embrasser tel ou tel sentiment en matiere de Religion, & ouvrir les portes à la Religion, pour lui ménager un passage vers les Nations infideles.* Dans le
pre-

premier de ces partis se trouve une violence incompatible avec la nature même de la Religion, dont toute la force consiste dans la persuasion, & dans la maniere de développer l'évidence qui est essentielle à toutes les veritez, qui doivent être à la portée de tout le monde. Le second parti au contraire ne tend qu'à délivrer les hommes de la violence par laquelle le Démon maîtrise les Esprits, pour les éloigner de la seule Religion véritable; ainsi il ne s'agit ici proprement, que déclarer la guerre au Démon lui-même, afin de détruire l'injuste tyrannie, qu'il exerce sur tant de Nations & de les rendre accessibles à la doctrine des véritez Evangeliques.

Le but d'une telle guerre ne seroit en un mot, que d'ôter les chaînes de la servitude à la volonté des hommes, & de mettre leur Raison en liberté de disposer de leurs opinions, afin qu'ils fussent en état de profiter de la prédication de la Religion Chrétienne. S'ils refusent de l'écouter, ou s'ils la reçoivent avec la docilité nécessaire, c'est ce qui n'entre point dans mon sujet, & qui n'a point une liaison nécessaire avec les efforts qu'il est de notre devoir de faire, pour réüssir dans une si noble entreprise. Ce seroit toûjours faire beaucoup, que de détruire l'Empire temporel du Diable, & de ruïner cette Puissance, qui est armée continuellement contre la *Lumiere*, en faveur de l'ignorance la plus opiniâtre.

Cette

Cette guerre me paroît juste & légitime, & si elle étoit executée avec toute la moderation possible, bien loin d'être cruelle, ce seroit l'acte de charité le plus grand, qu'il seroit possible de faire en faveur de ces malheureux & de leur Posterité. On peut en juger par ce qui est arrivé à notre propre patrie.

Supposons que jamais ni *Jules César*, ni quelque autre Général Romain n'eût jetté la vûë sur la conquête de la Grande-Bretagne, ou bien qu'elle n'eût été attaquée que long-temps après que la Religion Chrétienne fut répanduë sur la surface de la Terre ; il est vrai que la Nation Britannique auroit pû recevoir à la fin cette Sainte Religion, avec les autres Peuples Septentrionaux, mais il est vrai aussi, qu'elle auroit été ensevelie dans les tenebres du Paganisme plus long-temps de trois siécles, qu'elle ne l'a été, & que dans ce cas plusieurs milliers de personnes, qu'on a vû Disciples zelez de JESUS-CHRIST, & dont plusieurs ont prouvé leur foi par le martyre, auroient été privez, dans le sein du Paganisme de leurs ancêtres, des glorieux avantages attachez à la Doctrine de l'Evangile.

Je sai bien que cette invasion des Romains dans la Grande-Bretagne étoit une entreprise cruelle, injuste, & tyrannique ; qu'elle étoit contraire au Droit naturel, & l'effet d'une ambition criminelle. Cependant il a plû à la Divinité, de faire sortir de cette violence la marque la plus précieuse de sa bonté paternelle pour nous, puisque notre esclavage extérieur nous a servi à nous affranchir de bonne heure de la servitude de l'Erreur, & à nous faire embrasser la Doctrine salutaire de l'Evangile.

C'est ainsi que le Ciel sait tourner les plus mauvais desseins, que les passions inspirent aux hommes, vers le but de sa Providence, & en tirer des effets directement opposez à l'intention de ceux qui travaillent à l'exécution de ces desseins. Ces sortes de gens sont criminels, dans le temps même qu'ils procurent au Genre humain les avantages les plus précieux. Il n'en seroit pas de même des Monarques Chrétiens, s'ils unissoient leurs forces, dans l'intention religieuse d'obliger les Infidéles d'ouvrir une porte à la Religion Chrétien & de lui rendre leurs oreilles, & leurs cœurs accessibles. Il est naturel de croire que la Providence accorderoit à cette entreprise pieuse, des succès du moins assez favorables, pour introduire dans le *Monde infidelle*, une connoissance générale du Christianisme. Pour ce qui regarde la possibilité de le porter ensuite à embrasser telles ou telles opinions particulieres, c'est ce qui n'entre pas dans le sujet, que je me suis proposé de traiter.

On ne doit pas s'imaginer ici, que ce que je viens de dire autorise les differentes

Sectes

Sectes des Chrétiens, à se persecuter les uns les autres, & à contraindre ceux qui ne sont pas de leur sentiment à entrer dans le systeme, qu'elles croyent le seul conforme à la volonté révélée de Dieu ; comme si toutes les Brebis de JESUS-CHRIST devoient être du même Bercail.

Je trouve une grande différence, entre employer la force pour réduire au Christianisme des Payens & des Sauvages, & entre forcer ceux qui sont déja Chrétiens, d'embrasser telles ou telles opinions particulieres. Quand il seroit juste & légitime de se servir de la voye des armes, pour obliger les Idolatres à connoître, & à adorer JESUS-CHRIST, je ne laisserois pas de trouver une injustice criante, dans une guerre que des Protestants déclareroient aux Papistes pour les faire renoncer à leurs chimeres, & à leurs institutions humaines, en faveur d'un Christianisme épuré.

Ce n'est pas que j'approuvasse en aucune maniere une guerre, qu'on feroit aux Payens, pour les forcer à embrasser notre Religion. Je voudrois, qu'on tâchât de les vaincre par les armes, afin de détruire leurs Idoles, & d'ensevelir leur Idolatrie sous les ruïnes de leurs Temples ; mais je trouverois fort déraisonnable de les persecuter & de les punir, s'ils s'opiniâtroient à ne point croire en JESUS-CHRIST. Si la Foi, comme l'Ecriture nous l'enseigne, est un don de Dieu,

Dieu, par quel principe de Religion, pouvons-nous punir des malheureux, pour ne point faire ufage d'un don, dont il ne plaît pas au Ciel de les favorifer ?

Il s'enfuit à plus forte raifon, qu'il n'y a rien de fi impie, & de fi contraire à la Religion Chrétienne, que la violence, dont fe fert une Secte de Chrétiens, pour impofer à une autre le joug de fes fentimens particuliers.

Il me femble, qu'il ne fera pas hors d'œuvre de dire ici un mot de la malheureufe coûtume, qui regne parmi plufieurs Chrétiens, de maltraiter de paroles, ceux qui n'ont pas les mêmes idées qu'eux, fur quelques articles de la Religion. C'eft une maxime que les Rabbins ont laiffée à leur pofterité par tradition, *qu'il ne faut pas tourner en ridicule les Dieux des Payens*. Mais nous fommes bien éloignez d'une fi fage difcretion, puifque nous accablons tous les jours nos Freres, de fatires, de noms injurieux & d'indignes fobriquets, parce qu'ils n'adorent pas le même Dieu, précifément à nôtre maniere. Comment eft-il poffible, que nous nous mettions dans l'Efprit, que dans la calomnie, dans les reproches, & dans les Pafquinades, il n'y ait pas une déteftable efpece de perfécution.

Pour moi je m'imagine que la perfécution de la langue égale prefque en cruauté, la perfécution, qui fe fait par le fer, & par le feu. Salomon compare certaines paroles à des *coups d'épée*, & David est si sensible aux discours injurieux de ses ennemis, qu'il fait souvent sur ce sujet les plus tristes exclamations. *Ils m'ont assiégé*, dit-il, *de paroles de haine*, & dans le même Pseaume: *Il se couvre d'imprécations comme d'un habit.*

Je conviens que je m'écarte de mon sujet en étendant mes réflexions touchant la *persécution de la langue*, plus loin que sur les matieres de la Religion. Mais puisque des remarques utiles ne sont, à proprement parler, jamais hors de saison; quand elles sont utiles, j'espere qu'on me pardonnera la digression où j'ai envie d'entrer.

Dans tous mes Voyages, je n'ai pas vû un païs, où non seulement les différentes Sectes, mais encore les différentes Factions, se font un si grand plaisir de choquer la charité, & de se déchirer de la maniere du monde la plus cruelle, pour des fautes, que la foiblesse humaine devroit rendre excusables. Nous prenons un si grand goût à censurer, & à condamner ceux qui n'embrassent pas nos sentimens, de quelque nature qu'ils puissent être, que nous ne briderions pas notre langue, quand nous verrions la ruine de la Nation toute prête à sortir de nos dissensions malheureuses.

J'ai vû quelquefois parmi mes Compatriotes des gens éclairez & vertueux tomber dans le malheur de se tromper aussi bien

sur

sur la Religion, que sur les vrais interêts de la patrie; je les ai vûs poussez infiniment plus qu'ils n'avoient d'abord dessein d'aller, par la haine farouche & implacable de ceux dont ils avoient abandonné le parti. J'ai vécu assez long-temps pour voir ces mêmes personnes revenues de leur égarement faire un aveu public & sincere de leur faute, & en témoigner le repentir le plus vif. Mais je n'ai jamais vû, qu'on eût assez de charité, pour leur pardonner leur erreur, & pour se reconcilier avec eux.

Peut-être que le Siecle dans lequel j'ai vécu n'est pas un temps propre pour l'exercice de la Charité, & que les âges futurs seront plus fertiles en bons Chrétiens; peut-être aussi cet inconvénient est-il ménagé par la Providence, pour répandre par notre dureté plus de jour, sur la misericorde de Dieu, & pour faire sentir fortement aux hommes, qu'ils sont les seules Créatures, qui ne savent pas pardonner.

J'ai connu un fort honnête-homme, qui desabusé d'un parti, qu'il avoit embrassé avec imprudence, sans rien commettre pourtant de contraire au Christianisme, & aux bonnes mœurs, retourna vers ses vieux amis, leur fit un aveu touchant de sa foiblesse, & leur en demanda pardon de la maniere du monde la plus pathetique. Mais ils ne lui répondirent, que par des railleries, & en insultant à sa soumission, comme à une marque characteristique d'une ame basse & lâche. Il ne se rebuta pas par une réception si mal-honnête, & si outrageante; il leur demanda, pourquoi ils n'agissoient pas avec lui comme avec un pécheur penitent, en se conformant à la regle que Dieu prescrit aux hommes, & qu'il pratique lui-même. Une leçon si sage ne les toucha point; ils lui repliquerent, que le Ciel pouvoit lui pardonner, s'il le trouvoit à propos, mais qu'ils ne le feroient jamais, & ensuite ils raconterent au premier venu tout ce qui venoit de se passer, comme un sujet de raillerie, & de turlupinade.

Il est vrai qu'en même temps des personnes sages & vertueuses trouvoient que par cette conduite ils ne faisoient que se deshonorer eux-mêmes, & mettre dans un plus grand jour la gloire de celui qu'ils rebutoient avec une dureté si indigne.

Ce que je rapporte ici me touche d'une maniere trop sensible, pour m'y étendre davantage. On ne peut opposer à une férocité si barbare que la patience Chrétienne, qui est, à mon avis, l'unique méthode de triompher même du mépris général du Genre humain. Non seulement elle nous console, en répandant dans notre Ame une paix secrette, qui ne sauroit être troublée par tous les embarras de dehors; mais elle est propre encore à domter avec le temps la fureur des hommes; il n'est pas possible, qu'ils continuent

Le Tonnerre tombe aux pieds d'un Athée.

tinuent à s'aveugler toûjours sur un attachement constant & sincere à la Vertu, par lequel on fait voir, que malgré quelques égaremens passagers, on a toûjours eu un fond inalterable de probité, & un véritable caractere d'honnête-homme. Si un Chrétien se conduit de cette maniere, il n'est pas croyable que la Justice souveraine permettra, qu'il soit toûjours accablé sous le poids d'une mauvaise réputation, & d'un mépris public.

C'est le pauvre *Robinson Crusoe* vieilli dans l'affliction, abbatu continuellement par des censures, & par des calomnies, mais fortifié par des secours intérieurs, qui ose prescrire ce remede contre les cris & contre les reproches d'un Peuple précipité dans ses jugemens. La Patience, jointe à un dévouement sincere pour la Vertu, & à une soûmission respectueuse, pour la Providence Divine, est la seule chose capable de rétablir la réputation d'un homme, & de le justifier dans l'esprit de ses ennemis les plus opiniâtres. S'il ne réussit pas par ce moyen, il aura du moins la satisfaction de se rendre justice à lui-même, de mépriser ceux qui n'ont ni charité ni politesse, & de les abandonner à leurs passions & à leur rage, qui se punissent elles-mêmes par les troubles qui les accompagnent.

C'est cette pensée, qui m'oblige à m'approprier en quelque sorte certains vieux Vers faits par le fameux *George Withers*,

dans

dans le temps qu'il étoit emprifonné dans la *Tour*.

C'étoit un Gentilhomme qui aimoit la Poëfie, & qui avoit été fi malheureux à changer plufieurs fois de parti dans les Guerres Civiles d'Angleterre, qu'il avoit été mis à la Tour tantôt par une des Factions, & tantôt par l'autre. Il y avoit été emprifonné par le Roi, par le Parlement, par l'Armée, & par ce Parlement poftiche, que Cromwel avoit mis à la place de celui qu'il avoit chaffé. Il me femble qu'il fut encore traité de la même maniere par le Général Monk, en forte que par une deftinée toute particuliere il étoit toûjours du parti qui avoit le deffous.

Voici les Vers que j'ai en vue.

Aux ordres du Public d'un faux éclat furpris
Je fus toûjours rebelle,
Mais notre mutuel mépris
Finit notre querelle.

Peu prudent, mais naïf, j'eus toûjours le deffein
De fervir ma Patrie,
Aime-t-elle un efprit libre de flatterie,
Elle me donnera du pain.

Sinon, la Paix de l'Ame eft un charmant Feftin;
Qu'elle voudroit me dérober en vain.

Il eft temps de mettre des bornes à ma Digreffion, & de revenir à mon fujet principal.

J'ai

J'ai parlé d'un projet, qui conviendroit au Czar, ce puissant Maître de cette grande étenduë de Païs, connue dans le Monde sous le nom de l'*Empire de Russie*, & qui fait presque une huitiéme partie du Monde. J'ai fait voir évidemment, ce me semble, qu'un tel projet n'a rien de criminel, & qu'il n'y a pas la moindre teinture de Persécution, dans le dessein de faire une guerre de cette nature, uniquement pour ouvrir un passage à la Religion de JESUS-CHRIST.

Si tous les Princes Chrétiens, qui emploient à present si mal leurs forces, & dont bien souvent le but est de se persécuter les uns les autres, vouloient agir de concert, & joindre leurs armes contre le Paganisme, & contre le Culte du Diable, il y a grande apparence que dans un seul siécle, toute la partie abrutie du Genre humain auroit appris à fléchir les genoux devant le Dieu de Verité, & qu'ils beniroient l'heureuse violence qui auroit produit pour eux les effets de la plus fervente charité.

Une semblable entreprise ne pourroit pas manquer d'un heureux succès, à moins que la Justice Divine n'eût résolu de tenir les hommes encore plus long-temps dans les ténébres de l'Erreur & de l'ignorance, parce que la coupe de leurs abominations n'est pas encore pleine. Quoiqu'il en puisse arriver, il y auroit pour les Princes Chrétiens lieu d'espérer dans un tel projet le concours puissant du Ciel, infiniment davantage, que lorsqu'ils plongent le fer dans le sein de leurs Freres, & qu'ils répandent des Fleuves de sang Chrétien, pour des raisons aussi frivoles que celles, qui ont rempli l'Europe de funérailles pendant plus de trente années consécutives.

Je pourrois descendre ici dans un plus grand détail, & remarquer, que si le Terrain, que les Chrétiens occupent sur le Globe, est si peu de chose en comparaison de la vaste étendue, qui est habitée par les Infidelles, le nombre des *vrais Chrétiens* est encore bien moins proportionné à celui des *Chrétiens de nom*. Il y a un nombre infini de gens qui s'honorent hardiment de ce titre glorieux, quoiqu'ils connoissent à peine l'écorce du Christianisme, & qu'ils n'ayent pas la moindre envie d'en savoir davantage.

Ceux qui voudroient entrer dans cette mortifiante discussion, seroient obligez de réduire les vrais Chrétiens, & les fidelles Sujets de JESUS CHRIST à un nombre inférieur non seulement à celui des Disciples de Mahomet, mais encore à celui des Habitans de l'Allemagne. A cet égard le Royaume du Messie paroît plus foible que celui de plusieurs Monarques de la Terre.

Le Roi de France, à ce qu'on m'a assuré, avoit coûtume de dire, qu'il avoit plus de fidelles Sujets que JESUS-CHRIST;

&

& je croi fort, que sa Majesté Très Chrétienne ne se trompoit pas beaucoup. Mais ce n'est-pas-là proprement le sujet de mes Reflexions.

Le nombre des vrais Chrétiens ne sera jamais connu d'une maniere certaine de ce côté de l'Eternité. Ce n'est pas une question d'Arithmétique ; les *vrais Chrétiens* sont si fort mêlez avec les faux dans ce Monde, & ces derniers attrapent l'art d'imiter les autres si bien, qu'il est très-difficile de ne s'y pas tromper.

Nous serons sans doute dans une grande surprise le jour du Jugement dernier, quand nous verrons plusieurs de nos contemporains, que nôtre zéle avoit condamnez aux Ténébres éternelles, destinez par le souverain Juge du Monde à vivre auprès de la *Source des Lumieres*. La Charité, de la maniere dont elle est exercée dans le Monde, est si fort dépendante de nos foiblesses, de nôtre orgueil, de la haute opinion que nous avons de nous mêmes ; & de la témerité de nos jugemens, que d'ordinaire elle suit des Guides aveugles, & qu'elle forme touchant les choses, & touchant les personnes, des idées fort éloignées de leur valeur réelle. Il n'y a point de maxime générale, qui puisse régler nôtre conduite à cet égard, si ce n'est ce passage de l'Ecriture Sainte, qui nous ordonne *de croire en toute humilité chacun plus excellent que nous*. Maxime, pour le

dire

dire en passant, qui est très-difficile dans la pratique.

Que le nombre des vrais Chrétiens soit plus ou moins grand, selon qu'il plaît à celui, qui seul est le Maître de planter le vrai Christianisme dans le cœur; c'est-là un sujet hors de la Sphere de nôtre curiosité & de nos recherches. Il nous impossible de de faire des Chrétiens; mais nous pouvons & nous devons ouvrir la porte à la Prédication de l'Evangile parmi les Payens; c'est-là le seul moyen, qui puisse donner occasion à la véritable Religion de s'étendre au long & au large.

Les habiles gens du monde donnent la torture à leur esprit, concentrent tous leurs efforts & réünissent toute leur *invention*, pour former des projets, & pour faire faire des *souscriptions* afin d'avancer & d'augmenter la Navigation, & le Commerce. Mais on traiteroit de projet chimérique & du plus grand de tous les * *Bubbles* le plan de faire souscrire, pour dix ou douze Millions destinez à équiper des Flottes, & de fournir des armes pour abbatre le Paganisme, & pour seconder des Missionaires prêts à ne rien négliger, pour communiquer aux Payens la Doctrine salutaire de l'Evangile. Une telle entreprise néanmoins seroit extrêmement

---

* Le Commerce des Actions n'a que trop fait connoître la signification de ce terme Anglois.

mement avantageuſe aux Peuples qui l'entreprendroient, & à la Nation qui en ſeroit le but.

Dans pluſieurs converſations que j'ai euës ſur ce ſujet avec des Perſonnes ſpirituelles & judicieuſes, on m'a demandé ſouvent de quelle maniere je voudrois conduire un tel deſſein, pour en faire répondre le ſuccès à mon intention. J'ai envie de leur répondre ici, & de leur faire voir, qu'il ne s'agit pas d'un projet de pure ſpéculation ; mais qu'il eſt réellement facile dans la pratique. J'en dreſſerai un plan fort abregé, & ſi l'on veut bien le conſiderer d'une maniere attentive & ſérieuſe, je me flatte qu'on verra diſparoître dans un inſtant toutes les difficultez, qu'on pourroit y trouver avec le plus de vraiſemblance. Je commencerai par ſuppoſer, qu'une Nation Chrétienne ait aſſez de zéle pour former un deſſein de cette nature, ſur quelque Peuple Mahometan ou Payen, dans un Païs fort éloigné ; que ce ſoit, par exemple, l'Iſle de Madagaſcar, l'Iſle de Ceylon, celle de Borneo ou celles du Japon. Prenons ces dernieres, l'on dit qu'elles ſont habitées par une Nation nombreuſe, ingénieuſe, prudente, & ſoumiſe à une excellente forme de Gouvernement. Par là elle eſt d'un côté en état de faire tête à ceux qui l'attaqueroient, & de l'autre elle eſt ſuſceptible des impreſſions, que la Raiſon ſoutenuë par

l'exeml'exemple est capable de faire dans l'esprit. Comme ces Isles ne sont pas inaccessibles à des forces étrangeres, on peut supposer encore, qu'une armée puissante d'Européens ait détruit entierement les troupes de cette Nation, dans plusieurs Batailles, & se soit assuré par là la conquête de tout le païs. La chose est de la même possibilité, que la conquête de la Morée, que les Venitiens firent autrefois sur les Turcs, & que celle de Cypre, & de Candie, que les Turcs ont faite sur les Vénitiens.

Les affaires se trouvant en cette état; voici les mesures, qu'il faudroit prendre, pour rendre cette expédition avantageuse au Royaume de JESUS-CHRIST.

Premierement, comme cette guerre est destinée proprement contre l'Empire du Diable, & contre le culte qu'il a su se faire adresser, il faudroit faire main basse sur tout ce qui a la moindre liaison, avec cet *empire* & avec ce *culte*. Ce dévroit être là le centre de toute la violence, dont on se serviroit; il faudroit renverser toute l'économie du Démon; toutes les Idoles dévroient être détruites, & brûlées en presence de leurs adorateurs; il faudroit en user de même avec leurs Pagodes, & avec leurs Temples; en un mot il faudroit ruiner de fond en comble le Paganisme extérieur, & tout ce qui peut y avoir du rapport.

En second lieu, les Prêtres, & les Sacrificateurs,

ficateurs, & toutes les personnes consacrées au service des Idoles, quelles qu'en pussent être les fonctions, dévroient être chassez du moins, si on trouvoit à propos de leur laisser la vie.

En troisième lieu, il faudroit abolir entierement, toutes les cérémonies, tous les rites, toutes les fêtes, & toutes les solemnitez, qui ont leur source dans l'Idolatrie, afin qu'avec le temps on en perdît jusqu'au souvenir, & qu'elles fussent bannies non-seulement de la pratique des habitans, mais encore de leur imagination. Voilà toute la violence que je propose, & qui me paroît absolument nécessaire pour executer avec succès une entreprise si glorieuse. Je sai bien que par la voye des armes, on ne sauroit rendre un Peuple véritablement religieux, & que la persécution, au lieu de faire des Chrétiens, ne produit que des Hypocrites; mais je suis persuadé, qu'on peut employer la force avec toute la justice imaginable pour ensevelir sous leurs propres ruines le Paganisme, & le Culte du Démon, le principal ennemi de la Divinité. Je crois même que nous sommes indispensablement obligez de ne rien négliger pour en venir à bout.

Tout le païs étant de cette maniere réduit sous le pouvoir des vainqueurs, il faudroit traiter les habitans, s'ils recevoient le joug d'une maniere tranquille, & paisible, avec
toute

toute la douceur, & avec toute l'équité imaginables; il faudroit prendre les mesures les plus justes, pour qu'ils ne souffrissent aucun outrage, aucune oppression, & pour que la conduite de leurs nouveaux Maîtres ne fît point dans leurs esprits des impressions propres à les éloigner de nôtre sainte Doctrine. Rien ne seroit plus dangereux, & plus capable de détruire toute l'entreprise, que de leur inspirer de l'horreur pour le Christianisme en leur rendant odieux les Chrétiens, par des cruautez & par des injustices. On en a vu un triste exemple chez les Amériquains nouvellement vaincus par les Espagnols. Lorsqu'on leur parloit de la *résurrection des morts*, & du *séjour des Bienheurux*, ils demandoient, *quelle étoit la demeure des Espagnols, après cette vie*, & quand on leur eut répondu que c'étoit le Ciel, ils disoient, *qu'ils aimoient donc mieux aller en enfer, & que l'idée seule d'un Ciel habité par les Espagnols leur donnoit de l'horreur*.

Une conduite juste, généreuse, & douce, avec les gens du païs, du moins avec ceux, qui se soûmettroient paisiblement aux vainqueurs, produiroit un effet tout contraire. Ils s'accoûtumeroient bientôt à prendre avec chaleur les intérêts de leurs maîtres, & à recevoir sans répugnance les Principes d'une Religion, qui inspire des sentimens si humains à ceux qui l'ont embrassée.

Cette équité & cette douceur banniroient de leurs ames tous les préjugez desavanta-
geux

geux à la Religion Chrétienne, & ce seroit alors le temps, pour les Ministres de l'Evangile, de commencer leur ouvrage. Ils dévroient être en état d'enseigner aux Naturels du païs une Langue Européenne, afin de les rendre capables de recevoir avec plus de facilité les véritez salutaires de l'Evangile.

Ces hommes pieux & éclairez devroient s'attacher sur tout à enseigner leur Langue aux Enfans, qui par là regarderoient les Chrétiens, plûtôt comme leurs bienfaiteurs, que comme leurs maîtres, & dans peu de temps la Posterité de ceux, qu'on auroit soumis par la force, mêlée avec les Conquérants, ne feroit qu'une seule & même Nation avec eux.

Si quelques-uns d'entre ces gens rejettoient l'instruction, & s'opiniâtroient à s'attacher à l'Idolatrie, il faudroit, selon l'exigence des cas, prendre de justes mesures, pour les empêcher de se faire un parti, & de porter leurs compatriotes à se remettre en liberté de servir leurs Dieux à la maniere de leurs Ancêtres. La force redeviendroit juste dans une telle circonstance; si l'on peut l'employer, pour arracher les Payens à leur infame Idolatrie; il doit être permis aussi de s'en servir, pour les empêcher de s'y attacher de nouveau.

Par des conquêtes de cette nature la Religion Chrétienne, seroit dominante en fort peu de temps chez plusieurs Peuples Sauvages, & Idolatres, & le nombre des Sujets de
JESUS-

Jesus Christ seroit bientôt doublé.

Voilà la Croizade, que je prêche, & je soûtiens que ce seroit une guerre tout aussi légitime, qu'aucunes de celles qui ont été entreprises depuis la Création du Monde. Elle procureroit une gloire immortelle aux Conquérants, & les plus précieuses bénédictions aux Peuples vaincus. Il me seroit aisé de former, selon ce plan général, différents projets de la même nature, pour les différents Monarques Chrétiens, & je pourrois les fonder sur des principes si sûrs, que si on vouloit sérieusement songer à les exécuter, il est très vrai-semblable, qu'ils auroient tout le succès, qu'on en pourroit esperer.

Une expédition contre les Maures de la Barbarie pourroit être entreprise, par les Espagnols, par les François, & par les Princes de l'Italie, qui sont dans une guerre continuelle avec ces brigands. Tous ces Souverains souffrent tous les jours des pertes si considérables par les Pyrateries de ces scelerats, que ce pourroit être pour eux un motif subordonné, pour faire ensemble une Ligue Chrétienne, dans le dessein de relever la Religion dans les Royaumes de Numidie, & de Mauritanie, où l'on voyoit autrefois cette fameuse Eglise de Carthage, cette Pepinière de fideles, & même de Martyrs. Ce fut là jadis cette riche moisson, dans laquelle ont travaillé St. *Cyprien*, *Tertullien*, & d'autres Peres de l'Eglise primitive. Se peut-il rien de plus mortifiant, que

que de voir la posterité de tant de Saints du premier ordre, s'égarer dans les Chimeres de Mahomet le plus ignorant & le plus grossier de tous les Imposteurs?

Malheureusement des divisions très éloignées de l'esprit du Christianisme, ont été toûjours un obstacle invincible à la propagation de la Religion de Jesus Christ. Des guerres contraires non seulement à la charité Chrétienne, mais encore au Droit naturel, occupent tellement les Souverains de l'Europe, que je ne m'attends pas à les voir dans ce Siecle corrompu, s'animer mutuellement à saisir l'occasion de réüssir dans ces entreprises glorieuses, dont je viens de tracer le plan. J'ose me persuader pourtant, qu'on verra un jour toutes les Puissances Chrétiennes dociles à une inspiration du Ciel, joindre leurs forces pour réüssir dans des desseins si glorieux. Alors la facilité, qu'on trouvera à se soumettre ces Royaumes d'Afrique, répandra de la honte sur l'indolence des Générations passées, qui auront négligé une occasion si favorable.

J'ai déja insinué, qu'une double raison dévroit, par rapport à ce dessein particulier, engager les Princes Chrétiens à se liguer ensemble. Il ne sera pas inutile de m'expliquer là dessus d'une maniere un peu plus développée. Il est de l'interêt général de presque tous les Princes de l'Europe, de s'emparer des côtes de Barbarie, pour mettre leur commerce en sureté ; tant que cette partie de l'Afrique, qui domine la mer de ce côté-là, sera entre les mains des Pirates, il est impossible, que la navigation ne soit pas continuellement troublée. Or les Souverains ont un droit incontestable de défendre, & de soûtenir le commerce de leurs Sujets, par la force des armes ; c'est la pratique constante de tous les Peuples fondée sur le sentiment général : qu'une guerre est juste quand elle est entreprise contre une Puissance, qui trouble le commerce : sans y être portée par une raison valable. C'est sur ce fondement que les Princes Chrétiens les plus moderez ne se sont jamais fait le moindre scrupule de s'attaquer les uns les autres. A plus forte raison il doit être permis d'attaquer sans le moindre ménagement des Peuples, qui font profession d'être Voleurs, & Pirates, & qui ne subsistent, que par des Brigandages.

S'il arrive qu'une Nation s'empare d'un vaisseau, qui appartienne à une autre, on ne manque jamais de le reclamer, & de demander au Prince, dont le Pirate est le Sujet, la punition du coupable ; s'il refuse de satisfaire à une demande si juste, on le regarde comme le premier aggresseur, & l'on se croit autorisé à lui faire la guerre.

Nous nous croyons en droit d'agir de cette maniere, de Chrétiens à Chrétiens, & nous nous ferions un scrupule d'exterminer une race de Brigands, qui vivent du fruit de leurs vio-

violences, & qui semblables aux tygres de leurs deserts, ne songent qu'à devorer tout ce qui se trouve à portée de leur fureur ! En vérité une pareille guerre n'est pas seulement juste par des Principes de Religion, elle est encore juste, & même nécessaire par les principes de la Politique & du Droit naturel.

Une pareille guerre étant légitime de toutes les maniéres, & à tous les différents égards sous lesquels on peut la considérer, il me semble qu'il seroit très naturel de diriger la victoire à l'extirpation de l'Erreur, & de la Superstition. Puisque c'est Dieu seul, qui est l'Eternel des Armées, & qui donne la Victoire, rien n'est plus raisonnable, que de ne vouloir vaincre, que dans l'intention de s'interesser dans sa Gloire, en étendant le Royaume de Jesus-Christ. Ces veritez sont sensibles & évidentes, mais malheureusement elles ne sont pas d'une nature à faire de fortes impressions, tant que d'autres motifs de faire la guerre & la paix exerceront un pouvoir absolu sur les esprits.

Je pourrois me laisser entraîner ici dans une digression fort utile sur la legereté des raisons, qui portent d'ordinaire les Etats, & les Princes à s'engager dans les guerres les plus sanglantes les uns contre les autres. La matiére est féconde. L'un se jette sur ses voisins, & y met tout à feu & à sang pour un mécontentement personnel ; l'autre sacrifie des milliers d'ames, aux intérêts d'une ridi-

cule

cule ambition; un troisiéme prétexte, la conservation d'un *équilibre de puissance* entre les Etats de l'Europe. Les premiers font couler des fleuves de sang pour un simple rien; l'autre est cause de semblables malheurs, pour un sujet qui n'a gueres plus de réalité. Mais cette matiere est d'une extrême délicatesse, & dans les circonstances, où nous nous trouvons, il seroit dangereux peut-être d'en dire son sentiment d'une maniere ouverte & naturelle.

Il vaut mieux que je garde là-dessus un profond silence, & que je revienne à mon sujet principal; je le repéte; rien n'est plus juste, plus pratiquable, & plus facile, que les projets que j'ai proposez. Mais je doute fort que nous trouvions dans notre Siecle & dans d'autres Siecles suivants le zele qui seroit nécessaire pour entreprendre & pour exécuter heureusement des desseins si grands, & si glorieux.

Pour engager les hommes dans cette guerre pieuse, il faudra que le Ciel lui même sonne la trompette, & que des Legions d'Anges descendent pour se liguer avec les Souverains de la Terre animez par une inspiration divine, à réduire tout l'Univers sous l'Empire de JESUS CHRIST. Certaines gens prétendent que le temps, où ce grand ouvrage doit s'achever n'est pas loin; mais je n'en ai rien entendu dire, ni dans mes Voyages sur cette Terre, ni dans la Vision qui m'a transporté dans le Monde invisible.

F I N.

VISION
DU MONDE
ANGELIQUE.

IL faut être fortement occupé de ce que l'on est actuellement, & de l'état dans lequel on se trouve dans ce Monde pour ne jamais tourner ses réflexions vers ce que l'on doit être un jour.

Le séjour, la compagnie, & l'occupation, que nous aurons dans la Vie à venir valent bien la peine, ce me semble, d'exciter notre curiosité, & de nous engager à porter nos recherches sur des sujets, qui nous regardent de si près.

Je croi que la raison la plus forte, qui peut avoir interrompu dans ces sortes de recherches, ceux qui y étoient entrez, & qui peut en avoir détourné d'autres qui ne s'en étoient pas encore mis en peine, consiste en certaines notions chimériques, & en certaines idées pleines de Fanatisme, qu'on a données au public sur des matieres si graves, si importantes, & si dignes de notre attention.

Comme je ne néglige rien pour me former des idées justes sur ces sujets, je ferai tous mes efforts pour en parler d'une maniere

niere claire & distincte, & je me fais fort de n'en rien dire, qui soit confus, mal digeré, & uniquement propre à rendre plus épaisses, les ténébres qui empêchent les hommes de pénétrer dans ces sujets si éloignez de nos conceptions ordinaires.

Je ne donnerai pas la torture à mon esprit, pour déterminer la place fixe du Ciel, & de l'Enfer ; ce n'est pas que je ne sois très-persuadé qu'il doit y avoir un lieu déterminé, qui recevra nos Ames au sortir du Corps. Si nous devons exister après cette vie, il faut bien que nous existions quelque part.

On voit par un grand nombre d'exemples rapportez dans les Evangiles, que du temps que Jesus-Christ commença à prêcher sa Doctrine, ceux sur lesquels elle faisoit les impressions les plus fortes étoient d'une stupidité qui passe l'imagination. Cette crasse ignorance dura encore long-temps après la mort de notre Sauveur, ce qu'il est aisé de voir par les discours extravagans qui tinrent ensemble les deux Disciples qui alloient à Emaüs. Pendant bien du temps encore ils eurent des notions fort bisarres du Royaume de Jesus Christ, & des Dignitez qu'il devoit procurer à ses favoris; témoin la Priere, que lui fit la femme de Zebedée, de mettre un de ses fils à sa main droite, & l'autre à sa main gauche. C'étoit à peu près comme si la pauvre femme demanmandoit pour l'un de ses enfans la charge de *Secretaire d'Etat*, & pour l'autre celle de *Chancelier*, persuadé, que sa sollicitation étoit proportionnée à la faveur où elle voyoit ses fils auprès de leur Maître.

La frayeur qu'eurent les Apôtres, de ce qu'ils prenoient pour un Esprit, venoit de la même source ; frayeur si grande qu'elle leur ôta l'usage des Sens, & de la Raison. Si la moindre liberté d'esprit leur étoit restée, ils se seroient réjoüis de la vuë d'un *Ange*, & auroient prêté une attention religieuse à ce qu'il avoit à leur dire de la part du Ciel, ou bien ils auroient prié le Maître des Esprits de les sauver de la malice du Démon, supposé qu'ils eussent cru que c'étoit l'apparition d'un *Esprit infernal*. Heureusement pour eux, ils ne restèrent pas long-temps plongez dans une ignorance si funeste, & les lumieres vives, qu'ils reçurent du Ciel, chassa bientôt de leurs ames, toutes ces notions absurdes & extravagantes.

Tout ce que je prétens inferer de ce que je viens de dire, c'est que dans ce temps-là c'étoit une opinion generalement reçue, que les Esprits se mêloient des affaires humaines. Le Peuple de Dieu instruit par Dieu lui-même, ne trouvoit rien dans les Livres du Vieux Testament, qui fût capable de l'en désabuser. Il y voyoit au contraire un grand nombre de passages propres à le confirmer dans ce sentiment ; telle étoit entre autres une Loi expresse contre ceux, qui avoient un *Esprit familier*, c'est à dire contre ceux qui avoient un commerce particulier avec un des mauvais Esprits habitans du *Monde invisible*, dont il est question ici.

En vain certaines personnes, qui se plaisent dans leur incrédulité, donnent ils la torture à leur imagination pour décréditer l'Histoire de l'*Enchanteresse d'Endor*, qui fit paroître à *Saül* un vieillard semblable au Prophête *Samuel*; ce fait & rapporté dans l'Ecriture Sainte d'une maniere si circonstanciée, qu'il faut s'aveugler de propos déliberé, si l'on n'y découvre pas que les apparitions de Esprits ne sont point incompatibles avec la Nature, & avec la Religion. Cette Histoire attribue même à cette femme l'art que les Amériquains appellent *Paw wau*, c'est-à-dire de conjurer les Esprits, & de les forcer à parler aux hommes. *L'Esprit de Samuel* paroît effectivement, il prophetise, & prédit au Roi toutes les malheureuses particularitez de la Catastrophe terrible, qui devoit lui arriver le jour après.

Cet Esprit qui apparut alors à Saül devoit être, à mon avis, un *bon Esprit*, qu'on appelloit *l'Ange d'un Homme*, comme il paroît par ce que disoit cette Servante des *Actes des Apôtres*, en voyant devant la porte *Pierre* sorti miraculeusement de la prison. Si l'on prend la chose de cette maniere, elle confirme mon idée touchant le commerce

merce des Esprits purs avec les Esprits enfermez dans des corps, & touchant les avantages, que les hommes peuvent retirer d'un tel commerce. Ceux qui prétendent que ce fut un mauvais Esprit, doivent supposer en même temps que Dieu peut se servir du Diable comme d'un Prophête, mettre dans la bouche du Pere du Mensonge les véritez qu'il trouve bon de reveler aux hommes, & souffrir qu'il prêche aux transgresseurs de ses Loix la Justice des châtimens, qu'il a résolu de leur infliger. Je ne sai pas de quel biais ces *Interpretes* se serviroient pour sauver tous les inconvéniens d'une telle opinion. Pour moi je ne vois pas qu'il convienne à la Majesté divine, de prêter à Satan son *Esprit de verité*, & d'en faire un Prédicateur, & un Prophête.

Quand j'étois dans ma solitude, mon Imagination étoit continuellement pleine des idées d'Esprits & d'apparitions, & sur tout lorsque je sortois de ma caverne au clair de la Lune, qui me faisoit prendre chaque broussaille pour un homme, & chaque arbre pour un Homme à cheval. Ma frayeur donna tant de force à cette prévention, que pendant long-temps je n'osois sortir de nuit, ou du moins regarder derriere moi quand une grande nécessité me forçoit de quitter mon antre. J'étois alors aussi fermement persuadé qu'il y avoit de la réalité aux illusions, que je me faisois à moi même, que je suis convaincu à present, que ce n'étoient que les effets d'une imagination frappée, & d'un esprit hypocondriaque.

Cependant pour faire voir au Lecteur jusqu'à quel point peut aller la force de l'Imagination, & pour le faire juger, si dans mes circonstances la plûpart des Hommes n'auroient pas donné dans des chimeres semblables, il ne sera pas inutile, que je lui fasse ici un recit un peu détaillé de certains Phenomenes, qui me troublerent extrêmement, & qui me remplirent d'inquiétudes afreuses.

Le premier objet que m'inspirerent ces sortes d'idées, fut la vieille chevre que je trouvai mourante dans la Caverne où j'étois entré. Ce fait est vrai, j'en assure le Public, n'importe dans quel endroit du Monde il soit arrivé, & il vaut bien la peine que je rapporte dans toute leur suite les différents effets qu'il produisit successivement sur mon imagination.

Quand je fus d'abord arrêté par le bruit que fit cet animal moribond, sa voix me parut en tout semblable à celle d'un homme ; je la trouvois même articulée, quoiqu'il me fût impossible de former un sens de ses différens sons. Il étoit très-naturel pour moi d'en inférer, que j'entendois parler, mais que c'étoit dans un langage, qui m'étoit inconnu. S'il m'étoit possible de décrire, avec exactitude, la situation où je me trouvai alors, je l'entreprendrois volontiers ; je dirai seulement qu'à cette voix inattendue tout mon sang

sang sembla s'arrêter, comme glacé dans mes veines. Une sueur froide découla de tout mon corps; toutes mes jointures, comme les genoux de *Belsatzar*, se choquerent les unes les autres, & mes cheveux sembloient se dresser sur ma tête.

Ce n'est pas tout; après les gémissemens de cet animal, qui n'étoient, comme je le vis après, qu'une maniere languissante de *bêler*, j'entendis deux ou trois soupirs, qui ressembloient aussi naturellement à ceux d'une Créature humaine, qu'il est possible de se l'imaginer. Ces soupirs accompagnez de la lumiere qui sortoit des yeux de ce pauvre Animal me confirmerent dans ma frayeur, & la porterent au plus haut degré. Cependant, comme je l'ai dit dans mon premier volume, je ramassai assez de courage pour vaincre cette crainte puerile, & pour rentrer dans la caverne dont ma peur m'avoit chassé avec un morceau de bois brûlant, en guise de flambeau, qui me fit découvrir d'une maniére fort agréable pour moi, qu'il n'y avoit rien que de naturel dans tout ce qui avoit fait de si terribles impressions sur mon esprit.

Néanmoins cette frayeur, quoi que calmée par la découverte de sa véritable cause, me laissa une certaine disposition, & certaines traces dans le cerveau, qui ne passerent pas vîte, & que je ne sus de long-temps effacer, malgré tous mes efforts de raisonnement. Les vapeurs que ma crainte chimérique avoit fait

fait monter dans mon cerveau, ne purent pas être si bien abatues, qu'à la moindre occasion elles ne reprissent la même route. Depuis ce temps-là je vis non seulement, mais encore, s'il m'est permis de m'exprimer de cette maniere, je sentis des *apparitions*, & je les sentis d'une maniere aussi distincte, qu'il est possible de sentir les choses les plus réelles. En un mot, je me trouvai dans un état semblable à la situation mélancolique où m'avoit mis autrefois, pour un temps considérable, le *vestige d'Homme*, que j'avois vu sur le rivage dans la partie septentrionale de mon Isle.

Non seulement je fus sujet à ces vapeurs dans des occasions, qui pouvoient y donner quelque prétexte, mais même, quand il n'étoit pas possible d'en alléguer la moindre raison, & qu'on n'en pouvoit trouver la source, que dans la ratte.

Une nuit, par exemple, après avoir remarqué dans l'air quelques figures que mon Imagination frappée avoit arrangées à sa fantaisie, je m'étois mis au lit, mais il me fut impossible de fermer l'œil. Ayant veillé quelque temps, je sentis une douleur dans un de mes pieds, accompagnée d'une espece d'engourdissement, dont je fus un peu surpris, quoi qu'il n'y eût rien là que de fort ordinaire. Quelques momens après un petit tremblement attaqua les nerfs de ma jambe, comme il arrive, quand une humeur acre tombe sur quelque partie du corps.

-Tout

Tout d'un coup je sentis comme quelque chose de vivant, qui étoit couché sur moi, tout de même que si un chien s'étoit jetté sur mon lit, & s'il s'étoit couché sur ma jambe ; de moment en moment je trouvai plus pesant ce que je sentois, & il me sembloit, qu'il se rouloit continuellement depuis mon genou jusqu'au haut de la cuisse. Ce Phenome fit sur mes sens sens des effets si naturels, si vifs, & si sensibles, que quoique la chose soit passée il y a très-long tems, je m'en souviens parfaitement bien, & qu'en la décrivant le sang se glace encore dans mes veines.

Dans le moment même je me jettai hors du lit tout nud, & je me saisis d'un de mes mousquets qui étoient toûjours chargez auprès de mon lit ; j'y foüillai par tout, & je fus chercher dans toutes les parties de ma hute, où quelqu'un pouvoit se cacher mais je ne découvris rien du tout. *Qu'est-ce que ceci peut-être ?* m'écriai je. *Seigneur délivre-moi des mauvais Esprits*. Etant fatigué d'examiner à tâtons tout ce qui étoit autour de moi, & ayant cassé dans l'obscurité plusieurs de mes pots de terre, en donnant des coups de côté & d'autre à tout hazard, je pris le parti d'aller allumer une de mes chandelles, car ma lampe, dont je me servois d'ordinaire pendant la nuit, s'étoit éteinte ; ou bien j'avois oublié de l'allumer avant que de me coucher.

Dès

Dès que j'eus de la lumiere il me fut aisé de voir qu'il n'y avoit ame vivante dans ma hute, excepté le pauvre Perroquet qui éveillé & effrayé par le bruit que je faisois, s'écria, *taisez vous donc, tenez vous en repos*, paroles, qu'il avoit apprises de moi quand je voulois l'empêcher de m'importuner par des cris désagréables.

Le dérangement d'esprit où j'étois, me fit écouter les paroles de cette pauvre bête avec tant de colere, que, si sa cage avoit été suspenduë plus près de moi, je crois que je lui aurois tordu le cou. Je pris cependant la résolution de m'habiller, n'ayant pas le cœur de me remettre au lit, & tout occupé des réflexions les plus tristes, *je suis terriblement effrayé*, m'écriai-je tout haut ; *tenez vous en repos*, me dit encore mon Perroquet. *Maraut*, lui dis je avec emportement, *si je vous tenois je vous casserois la tête*. TAISEZ VOUS, me repliqua-t-il, & ensuite il se mit à babiller de toutes ses forces, en m'appellant *Robin Crusoe*, & *pauvre Robin Crusoe*, d'un petit ton tendre comme c'étoit sa coûtume.

Si j'avois été en état de me remettre l'esprit, ç'en auroit été assez pour calmer toutes mes inquiétudes, mais mon imagination s'étoit entierement dérobée à l'empire de ma Raison, & j'étois persuadé, que ce que j'avois senti ne pouvoit être que le Diable. Dans cette idée j'adressai à Dieu les prieres les plus ardentes

ardentes, afin qu'il me délivrât de l'Esprit malin.

Cet acte de pieté remit un espece de calme dans mon cœur, & j'eus le courage de me remettre au lit. J'étois justement dans la même posture que la premiere fois quand j'apperçus de nouveau ce même tremblement dans les nerfs de ma jambe ; cependant je résolus de me tranquilliser & de rester dans la même situation, quelque chose qui put m'arriver. Ce mouvement alla jusqu'à mon genou, de la même manière qu'auparavant, mais il ne monta pas plus haut, ce qui me fit comprendre, que ce qui m'avoit tant effrayé n'avoit été que l'effet de quelque indisposition, & qu'une humeur paralytique, qui m'avoit affecté les nerfs. Je n'en étois pas pourtant bien convaincu encore, n'ayant pas la moindre expérience des symptomes des maladies, qui se font remarquer dans le corps humain, & ne sachant pas si un commencement de *Paralysie* pouvoit naturellement produire un tel effet sur ma jambe, & sur ma cuisse ; mais quelques mois après je sentis précisément la même chose trois ou quatre nuits tout de suite, ce qui me fit bien craindre un peu quelque indisposition, mais cette crainte étoit entierement calmée par la satisfaction inexprimable que je tirai de la découverte de la véritable cause de ce Phœnomene ; j'étois charmé, que ce que j'avois pris pour le Diable n'étoit n'étoit qu'une maladie, & je ne songeois pas seulement au danger dont cette maladie pouvoit me menacer. Cependant dans le triste état où je me trouvois dans cette solitude, rien ne pouvoit m'arriver de plus fâcheux, qu'une *Paralysie*, puisque n'ayant avec moi ame qui vive, qui pût me soigner, je serois mort par pure disette de vivres, étant moi-même incapable de me transporter d'un lieu dans un autre.

Pendant tout l'intervalle, qu'il y eut entre le premier accès de cette maladie & les autres, je ne sortis jamais de chez moi sans être accablé des pensées les plus mélancoliques, ne pouvant pas me débarasser l'esprit de l'idée que le Diable avoit été dans ma chambre, & qu'il s'étoit couché sur mon lit.

Je m'efforçois quelquefois à faire sortir cette chimere de mon imagination, par le moyen du raisonnement; je me demandois s'il étoit naturel de s'imaginer, que le Diable se divertissoit à venir se coucher sur moi & ensuite à s'en aller sans me dire un seul mot, quel but il pouvoit avoir en me jouant ce tour d'espiegle, & s'il n'avoit pas ailleurs des affaires assez importantes, pour ne pas perdre son temps à de pareilles boufonneries, dont il ne pouvoit tirer la moindre utilité.

Quoique ces demandes fussent très-raisonnables, & qu'il me fut impossible d'y répondre rien de juste, elles ne furent pas
capa-

capables néanmoins de me tranquiliser ; je me confirmois dans ma chimere, en me disant à moi même ; *si ce n'étoit pas le Diable, qu'est ce que c'étoit donc* ; Je n'étois pas assez éclairé pour me satisfaire là-dessus, & ainsi je continuai à croire que c'étoit le *Diable*, & que ce ne pouvoit être autre chose que le *Diable*.

On croira sans peine, que tant que j'eus cette noire fantaisie dans l'esprit, mon cerveau étoit rempli des plus sombres vapeurs & de toutes les chimeres hypocondriaques qui peuvent naître de la solitude, & d'une mauvaise constitution dans le sang & dans les organes. Je combinois ce Phenomene avec le vestige, que j'avois vû sur le sable, quelque temps auparavant, & j'en inferai comme une conclusion trés-évidente, que cette Isle étoit hantée. Si jamais homme fut dans une situation propre à être possedé du Démon, c'étoit moi dans l'assiette d'esprit où je me trouvois alors, puisque je m'étois assez abandonné à mes rêveries pour croire, que toute l'Isle étoit enchantée, que c'étoit le séjour d'un milion de Diables, & que le Monarque de l'Enfer en étoit lui-même le Seigneur & le Souverain.

Dans cette triste prévention, je n'entendois jamais le moindre bruit de près ni de loin, sans tressaillir, & sans m'attendre à l'arrivée du Diable ; chaque arbrisseau qui pa-

paroissoit sur une colline, où je ne me souvenois pas de l'avoir vu auparavant, me sembloit une figure humaine, & je prenois chaque vieux tronc pour un spectre.

Je ne laissois pas de temps en temps de reprendre cœur & de me dire, *hé bien, que ce soit le Diable ; qu'importe ? Dieu est le maître du Démon, & il peut l'empêcher de me faire le moindre mal, Satan ne sauroit être nulle part que son Créateur n'y soit aussi ; d'ailleurs rien n'est plus ridicule pour un homme qui doit passer toute sa vie dans un desert, que de craindre la puissance des mauvais Esprits*

Cependant ces sages réflexions n'étoient capables que de me ranimer le courage, & de me soûtenir contre mes extravagantes appréhensions, pendant fort peu de temps ; ma Raison ne pouvoit pas gagner un empire absolu sur les vapeurs, qui m'accabloient le cerveau. Le déréglement de mon Imagination étoit devenu une maladie dans les formes, & il m'étoit aussi impossible de m'en guérir par le raisonnement, qu'il est possible au plus grand Philosophe de se tirer de la fiévre par le moyen de la réflexion. Je ne revins entiérement de cette indisposition malheuse, que lorsque j'eus le bonheur de trouver mon fidele *Vendredi*, dont l'agréable compagnie fit sortir tous les Diables de mon Imagination.

Avant que de quitter ce sujet, je ne ferai pas mal de donner quelques conseils fondez sur ma propre expérience, à ceux qui sont assez malheureux pour être en proye à leurs propres chimeres, & aux fantômes qu'une noire mélancolie engendre dans le cerveau. Je les exhorte, à ne point s'habituer à regarder derriere eux, quand ils se trouvent dans un lieu sombre, à ne point aller fureter avec une chandelle dans les coins de leur chambre. Je suis sûr, que s'ils négligent ce conseil, chaque objet leur paroîtra un spectre afreux, & leur Imagination ingénieuse à faire naître des démons à chaque pas deviendra réellement un Diable, qui ne cessera jamais de les tourmenter.

Que d'un autre côté les Esprits forts n'inférent pas de ces Diables chimériques, & de ces apparitions imaginaires, qu'un Esprit déréglé & malade fait sortir du cerveau d'un hypocondriaque, qu'il n'y a point d'apparitions réelles, & que le commerce d'Esprits bons ou mauvais avec les hommes n'est qu'une fable impertinente ; qu'ils en concluent encore beaucoup moins que le Diable n'existe pas.

Il y a dans la Nature des preuves de l'existence & de la nature du Diable, comme il y en a de l'existence & de la nature de Dieu. Ces premieres ne sont pas si sensibles, que les autres, ni en si grand nombre, mais cependant nous pouvons les tirer de notre fragilité & de nos foiblesses, comme nous puisons les autres dans les différentes facultez de notre

notre Ame, & dans la configuration merveilleuse de notre Corps. Comme les penchants, qui nous portent vers le mal, plûtôt que vers le bien, sont une preuve de notre corruption naturelle, ainsi l'armonie perpétuelle, que nous remarquons entre ces *penchants & les occasions*, me paroit une preuve incontestable de l'influence du Démon sur notre conduite.

Ce n'est pas que je prétende que le Diable est la cause principale de nos égaremens & de nos crimes. Il est vrai que cet Esprit est d'une activité, & d'une diligence extraordinaire, & qu'il est toûjours prêt à concourir avec nos inclinations vicieuses. Mais ses tentations ne sont jamais absolument efficaces, & irrésistibles. L'Ecriture Sainte nous en assure de la maniere du monde la plus positive, & par conséquent c'est notre propre faute, si nous nous laissons aller à la tentation; *un Homme est tenté*, dit l'Ecriture Sainte, *quand il est engagé dans le piege par ses propres convoitises*. Tout ce que le Diable fait pour étendre l'empire de l'Enfer, c'est de ménager avec toute la finesse imaginable, des objets agréables à nos inclinations vicieuses; il arrange sous nos pas tous les pieges dans lesquels il sait que nos penchants sont propres à nous engager. Voila ses stratagemes, & malheureusement ils ne réussissent que trop souvent, à la faveur de notre indolence, & de notre inattention.

Si je crois être en droit de charger le Diable de ces finesses infernales, qui nous font tom-

tomber si souvent, il faut d'un autre côté, que je lui rende justice, & que je plaide sa cause. Il est certain qu'il n'y a point de Créature, dans l'Univers, qu'on charge de tant de Calomnies; on met sur son compte mille crimes dont il n'est pas l'Auteur, & nous le faisons la cause d'une infinité de nos péchez, dont il ne s'est pas mêlé seulement, & qui lui sont même entiérement inconnus. Notre excuse est d'abord prête, dès que nous sommes entraînez par nos *propres convoitises*; nous en donnons la faute au Diable, & bien des gens seroient fâchez que ce *Tentateur* n'existât point, parce qu'il est si commode pour servir de manteau à tous nos déréglemens.

Pour revenir de cette digression, je dirai que l'existence du Diable & son commerce avec les hommes me paroît un article incontestable, & de la derniere évidence. Ce n'est pas tout, je croi qu'il n'est pas moins évident, que nous avons bien souvent commerce avec tous les autres Esprits qui composent le Monde invisible. Je vais expliquer ce que je pense là dessus avec toute la netteté dont je suis capable, & j'espere de n'en rien dire, qui ne soit clair & facile à comprendre aux personnes d'un génie médiocre.

Qu'il y ait des Esprits, qui existent sans corps; c'est une chose dont aucun Chrétien ne doute, & il n'est pas possible d'alleguer la moindre raison, pourquoi il ne pourroit pas

pas y avoir un commerce mutuel entre nos Ames, & ces Esprits purs, & dégagez de la matiere.

Ce principe étant posé, j'ose soutenir, que nous pouvons nous assurer de la réalité de ce commerce mutuel, si nous voulons bien faire attention à notre propre expérience. Il est vrai que nous sommes absolument ignorans sur la maniere, dont se fait un commerce, dont nous pourrions tirer de si grands avantages ; il nous est impossible de savoir comment les idées passent de ces *Intelligences pures*, dans nos Ames, & de quelle maniere nos Ames communiquent leurs pensées aux Esprits dégagez de la matiere ; tout ce que nous savons, c'est que cette correspondance secrette se fait sans le secours des organes.

Ce sujet étant donc parfaitement obscur de ce côté-là, & inaccessible à notre pénétration, je ne m'attacherai, qu'à developper les effets de ce commerce, sans y comprendre les apparitions, que bien des gens ne veulent pas admettre, & que dans le fond il est très-difficile de distinguer des fantômes de notre imagination & des chimeres, dont la ratte remplit le cerveau.

Les effets les plus sensibles de notre commerce avec les Intelligences pures, & qui me paroissent si sensibles, qu'il est impossible de les nier, sont les suivants :

Des

Des Songes,
Certaines voix,
Certains bruits,
Des avertissemens,
Des pressentimens,
Des appréhensions,
Une tristesse involontaire, &c.

Pour les *Songes*, c'est un sujet dont l'examen est fort dangereux, & nous sommes si accoutumez à rêver creux sur les *rêves*, qu'en exhortant les gens à faire la moindre attention aux Songes, c'est en quelque sorte les porter à rêver en veillant. On pousse d'ordinaire le cas, qu'on en fait, à des excès si ridicules, & si extravagans, qu'un Auteur ne sauroit traiter ces sortes de matieres, avec une trop grande précaution.

Il est certain cependant, qu'autrefois les songes étoient un des moyens les plus ordinaires dont Dieu se servoit, pour avertir les hommes, de ce qu'ils devoient faire, & de ce qu'ils devoient éviter de faire. C'est ainsi que Joseph, l'Epoux de la benite Vierge, fut averti en songe de se retirer en Egypte ; c'étoit encore par un songe que Dieu lui ordonna de revenir de-là dans la Judée, & dans le même chapitre, les Sages de l'Orient sont avertis de la route qu'ils devoient prendre pour échapper à la fureur d'Herode, en retournant dans leur patrie.

Puis-

Puisque ces passages de l'Ecriture Sainte, & un nombre infini d'autres dont fourmillent les Livres sacrez, nous font voir avec la derniere évidence que Dieu déclaroit autrefois sa volonté aux hommes par ce moyen. Je voudrois bien qu'on eut la bonté de répondre juste à la question suivante; *Par quelle raison faut-il détourner les Chrétiens d'apresent de faire la moindre attention aux Songes ?*

Non seulement Dieu envoya souvent ces Songes aux hommes par sa puissance immédiate, mais il est évident encore, que plusieurs fois il y employa le Ministere des *Intelligences pures*. C'est ainsi que dans les deux cas mentionnez, qui regardent Joseph, l'Epoux de Marie, l'Ecriture dit *que l'Ange du Seigneur parut à Joseph en songe*. Or on peut donner sans aucun inconvénient le nom d'Ange à tout Esprit dégagé de la Matiere, puisque Dieu peut se servir de leur Ministere, pour déclarer sa volonté aux Esprits enfermez dans des Corps. J'en conclus que lorsque dans un Songe nous recevons quelque avertissement propre à nous faire éviter quelque mal, ou à nous diriger vers quelque bien, nous pouvons dire sans trop de hardiesse, qu'un bon Esprit nous a donné un avertissement en songe, & même *qu'un Ange du Seigneur nous a apparu*. Ces deux expressions me paroissent entierement synonymes.

Pour

Pour appuyer l'opinion dans laquelle je suis à cet égard, sur de faits incontestables, ou du moins sur des faits qu'aucun homme de bon sens ne sera capable de révoquer en doute, j'ose bien appeller au secours l'expérience de toutes les personnes qui font réfléxion sur ce qui arrive à elles mêmes, & qui examinent leurs songes d'un Esprit également éloigné de l'incredulité, & de la superstition. Je leur demande s'ils n'ont jamais observé quelque incident remarquable de leur vie, qui leur fût prédit en songe, d'une maniere si claire, & si évidente, qu'ils ayent été forcez à croire, que cette prédiction leur venoit de quelque Creature invisible? Je leur demande encore s'ils n'auroient pas été les maîtres de prévenir les malheurs, dont ils ont été avertis de cette maniere surnaturelle, s'ils y avoient fait attention, & s'ils s'étoient servis de leur prudence, pour en tirer le véritable usage?

Je suis persuadé, qu'ils conviendront du fait, & que même plusieurs d'entreux m'avoueront, qu'instruits par l'expérience, ils ont fort souvent évité les desastres qui sembloient les menacer, en prêtant à cette espece de prédiction l'attention nécessaire.

S'il m'est permis d'alleguer ici ce qui m'est arrivé à moi même, je puis dire, que jamais je n'ai été sujet à une catastrophe remarquable, que je n'en aye été averti en songe, & si je n'avois pas été dans cette disposition indolente, & inattentive, dont je m'efforce ici de tirer mes Lecteurs, il m'auroit été facile d'éviter par ce moyen un grand nombre de desastres, où mon imprudente securité a soufert que je me précipitasse.

Dans la suite devenu plus circonspect par mes malheurs, j'ai été encouragé par ce même moyen dans les plus grandes adversitez, & j'ai été pleinement persuadé qu'elles ne seroient pas d'une longue durée. Dans ma triste solitude, par exemple, ma délivrance m'a été mise tant de fois devant les yeux, que j'avois une conviction très-forte & très-consolante, de ma future prosperité, qui rendroient mes dernieres années aussi tranquilles & aussi heureuses, que les premieres avoient été sujettes aux troubles, & à la misere.

Il m'est impossible par conséquent de me mettre dans l'Esprit, à l'exemple de plusieurs personnes, qui se font un mérite de leur incrédulité, que tous les Songes ne sont que des fantômes de l'Imagination formez de l'assemblage confus des idées, qui ont roulé dans notre Cerveau le jour auparavant, & je ne saurois découvrir une Epoque fixe, qui sépare les *Songes, dignes de notre attention*; de ceux qui ne doivent passer que pour des *Chimeres*.

Je n'ignore pas que d'habiles gens ont osé

ont ofé déterminer cette époque, & de la confondre avec celle, qui a mis fin aux inftitutions cérémonielles données au Peuple Juif, & aux *temps typiques*, qui n'ont été que les ombres de ce qui devoit arriver fous la *nouvelle Loi*. Ils s'imaginent que toutes les manieres, dont il a plu à Dieu reveler fa volonté fous le Vieux Teftament, doivent avoir ceffé dans le même Période, étant devenues entierement fuperflues par cette révélation claire & fimple, qui nous a été donnée dans l'Evangile, & qui a été fécondée par l'envoi du St. Efprit.

Ils croyent prouver par là, avec la derniere évidence, que dès lors les Songes ont dû perdre toute leur fignification, & tout leur poids ; mais par malheur pour eux l'Ecriture Sainte eft directement oppofée à cette opinion, quelque vrai-femblable qu'elle puiffe être. Pour le faire fentir, il fuffit d'alléguer & de dévoloper un peu ce qui eft dit touchant le fonge qui porta *Ananias* à travailler à la converfion de *Saint Paul*, & touchant celui qui engagea *Corneille*, ce dévot Centenier d'Antioche, à recevoir la Doctrine de *Saint Pierre* ; deux exemples, qui font voir d'une maniere démonftrative, que les Songes fignificatifs ont furvécu à l'*Ancienne Loi*.

Le premier de ces faits nous eft rapporté dans les *Actes des Apôtres* IX. 10. *Il y avoit à Damas un certain Difciple, nommé Ana*

Ananias, *à qui le Seigneur dit en Vision*, *&c.* Et il est dit dans le verset 12. *Or Saül avoit vû en Vision un personnage nommé Ananias.* On trouve le second exemple dans les mêmes *Actes* X. 3. 10. & 11. Nous voyons d'abord dans le v. 3. que Corneille le Centenier *vit en vision un Ange de Dieu*, que dans le vers. 30. il décrit comme *un Homme revêtu d'un vêtement resplendissant*. Dans le vers. 10. il est dit que Saint Pierre *tomba dans un ravissement*, ou *dans une extase*. Je suis persuadé qu'on m'accordera sans peine, qu'ici par *vision*, ou *ravissement* on ne sauroit entendre qu'un profond sommeil, & que lorsqu'on nous dit, que dans cette extase il vit les Cieux ouverts, l'Ecriture ne nous veut faire comprendre sinon, que les *Cieux ouverts* furent representez à son Imagination par le moyen d'un Songe; je ne croi pas qu'il y ait un seul Interprete, qui s'imagine que les Cieux furent réellement ouverts dans ce temps-là. Il faut prendre sans doute de la même maniere les voix que ces différentes personnes entendirent, & qui leur signifierent les ordres de Dieu. J'en puis inferer par conséquent, que le commerce de la Divinité avec les hommes par le moyen des *Visions*, ou des *Songes*, n'a pas fini avec l'Economie de l'ancienne Loi.

Il faut par conséquent, pour me prouver l'absurdité de mon opinion, m'alléguer quelque autre époque. Si l'on ne fait pas quand les Songes fignificatifs & dignes d'attention, ont pris fin. comment peut-on favoir, qu'ils n'exiftent plus, & quel droit avons-nous de rejetter toutes les *vi-fions*, qui s'offrent à nous pendant le fommeil?

Je ne foutiens pas abfolument, qu'il n'y ait point à prefent une plus grande quantité de *Songes illufoires*, qu'il n'y en avoit alors; peut être le Diable a-t-il gagné un plus grand afcendant fur l'Imagination des hommes modernes. Je ne veux pas le nier, quoique je ne découvre pas la moindre preuve propre à mettre ce fentiment hors de conteftation & à faire voir qu'au commencement des temps Evangeliques, le cerveau des fidelles doit avoir été plus libre, que le nôtre, des rêveries deftituées de fens. Qu'il en foit tout ce que l'on voudra; il reftera toûjours certain, qu'il n'eft pas poffible de fixer une pareille Epoque, & qu'il n'y a pas un mot dans l'Ecriture Sainte, qui décredite les Songes, & qui nous défende d'y prêter attention. Le feul paffage, qui paroît avoir quelque rapport avec ce fentiment, eft celui où les freres de Jofeph femblent tourner les Songes en ridicule, par le fobriquet de *Songeur*, ou de *Rêveur*, qu'ils lui donnent *Genef.* XXXVII. 19. *Voyez, le Songeur vient,* & verfet 20. *tuons le, & jettons-le dans un puits, pour voir à quoi aboutirent ses Songes.*

Voilà des discours, qui ne ressemblent pas mal à ceux de nos Esprits forts modernes, mais l'effet fit bien voir l'absurdité de ces railleries, & la témérité des jugemens de ces freres dénaturez. Les prédictions, qui étoient contenues dans tous les Songes de Joseph, furent toutes accomplies, & prouverent, que rien n'est plus sûr, que les influences du Ciel dans les choses humaines opérées par le moyen des Songes.

La maxime, que je me propose pour me conduire à cet égard, peut-être exposée en très-peu de paroles. Je suis d'avis, qu'il ne faut rien outrer sur ce sujet, & que, s'il ne faut pas chercher un sens, indifféremment dans tous les Songes, il ne faut pas non plus les mépriser tout-à-fait les uns comme les autres.

Je me souviens d'avoir entendu une dispute poussée avec assez de chaleur sur cette matiere, par deux personnes de ma connoissance, dont l'un étoit d'Eglise, & l'autre Laïque; mais ils étoient reconnus l'un & l'autre pour des gens pieux, & fort attachez à la Religion.

Le dernier soutenoit qu'il ne falloit jamais avoir égard aux Songes. Selon lui il n'étoit pas possible de leur assigner aucune origine, qui pût les rendre respectables,

ce

ce n'étoient que des fantômes de l'Imagination, & il falloit donner dans une espece d'Atheïsme pour en reconnoître l'autorité. Il se faisoit fort de le prouver par des argumens incontestables fondez sur les premiers principes de la Verité, & de faire voir que de les attribuer au commerce du *Monde invisible* avec le *Monde visible*, c'étoit donner dans la chimere, & supposer des *Limbes*, & un *Purgatoire* avec les Docteurs de l'Eglise Romaine.

Voici les raisons dont il se servoit pour prouver ce qu'il venoit d'avancer.

1. Si les Songes nous venoient de quelque Estre supérieur à nous en prescience, les avertissemens, que nous en pourrions tirer, seroient plus directs, & moins enveloppez de ténébres; ils n'exprimeroient pas les choses par des Allégories, & par des Emblêmes, & par des figures obscures & imparfaites. Quel motif pourroit porter des *Intelligences pures*, à se moquer du Genre humain par des Enigmes ridicules ? Quel plaisir trouveroient-elles à nous faire *tâtonner* après le mot de ces énigmes, dans des cas, où il faut périr quelquefois, si on est assez malheureux pour les expliquer mal ? Rien ne seroit moins charitable à un *Esprit pur*, que de nous donner des avertissemens, dont le sens fut presque impénétrable, & qui ne fissent que nous inquiéter, sans nous instruire du mal, qui nous menace.

2. Sup-

2. Supposons, qu'on développe parfaitement le sens de ces Oracles intérieurs, dequoi nous servira nôtre pénétration, si en nous indiquant le mal ils ne nous instruisent pas des moyens efficaces de le prévenir ? Ils ne nous les fournissent pas, & par conséquent, on ne sçauroit prendre ces prétenduës prédictions, que pour l'effet d'un concours fortuit des images de nôtre cerveau, & point du tout, pour les conseils de quelque *Intelligence* amie de l'homme, & qui a la bonté de s'intéresser dans tout ce qui lui arrive.

3. Si ces sortes d'Avertissemens sont de quelque poids, d'où vient qu'ils ne nous sont pas donnez continuellement ? Pourquoi ces Esprits bienfaisans interrompent-ils si souvent leur commerce avec nous ? Pourquoi nous donnent-ils tantôt leurs conseils, en nous en laissant tantôt privez, quoi que les cas soient de la même importance ? Il paroît évidemment que ces avertissemens prétendus ne procedent pas d'un Estre intelligent, qui agit par principe.

4. Nous avons souvent des Songes très-distincts, qui ne sauroient avoir la moindre signification, & qui ne sont point justifiez par l'Evénement. N'y auroit-il pas de la profanation, & de l'impieté, à supposer qu'ils nous viennent du Ciel, malgré leur inutilité, & malgré la fausseté des predictions, qu'ils semblent contenir ?

5. Com

3. Comme il est sûr qu'un homme n'est pas toûjours également armé par ces prédictions contre les desastres, qui les menacent, il est certain encore que tous les hommes n'ont pas une portion égale dans ces Conseils qui procedent des Intelligences pures. Quelle raison peut on alléguer de cette préference, & d'où vient que les habitans du Monde invisible accablent certaines personnes de leurs faveurs, dans le temps qu'ils paroissent entierement insensibles aux malheurs des autres.

L'Ecclésiastique répondit à tous ces articles, à mon avis, d'une maniere très plausible & très satisfaisante. Si mes Lecteurs n'en jugent pas de même, c'est leur affaire ; chacun doit se conduire selon son propre jugement. Voici les solutions, qu'il donna à chacune de ces Objections.

1. Il faut convenir que d'ordinaire les Songes sont couverts de quelques ténébres, & que leur signification est assez souvent équivoque, parce que leur sens est envelopé dans des Emblêmes, & dans des Allégories, où il est difficile de pénétrer, ce qui nous empêche d'en tirer le véritable usage. C'est-là la seule difficulté importante, qu'un homme raisonnable peut trouver dans cette matiere ; cependant elle ne prouve rien dans le fond, puisque dans le temps que tous les Chrétiens avouent, que les Songes étoient significatifs, & dignes d'attention, ces vi-

sions avoient précisément le même caractere. Les Songes ont été couverts d'Emblêmes, & d'Allégories, dans le tems qu'ils venoient certainement du Ciel, de l'aveu de tout le monde. La Providence n'a pas trouvé à propos de nous découvrir le dessein, qu'elle a en enveloppant de cette maniere les avertissemens, qu'elle nous donne, & il y auroit de la témerité à nous, de vouloir pénétrer dans les Mysteres, qu'elle nous cache, pour ainsi dire, de propos déliberé.

2. Nous faisons une injustice insolente à la Divinité, en l'accusant de nous donner des conseils, sans les accompagner des moyens nécessaires, pour en profiter; rien n'est plus faux. Si quelqu'un penetre dans le véritable sens de ces prédictions intérieures, & si elles ne lui servent pas, pour éviter le malheur qu'elles lui indiquent, c'est parce qu'il manque d'attention, de prudence, & de soins; nous entrons froidement dans nos propres intérêts nous négligeons nos avantages, & ensuite nous avons le front de prétendre, que le *Juge de toute la terre ne nous fait pas justice.*

3. Il en est de même de la plainte, que nous faisons que ces avertissemens ne sont pas continuels, & qu'ils nous laissent sans sécours dans les occasions, où nous en aurions le plus grand besoin. Il est très vraisemblable, que ces conseils ne nous manquent jamais; mais nous refusons d'y prê-

ter une attention continuelle, sur tout à cause de la prévention, où nous sommes, qu'il est déraisonnable d'écouter cette voix secrette du Ciel.

4. C'est encore une erreur des plus grossieres de soutenir, que bien souvent les Songes n'ont aucune signification, parce que par aveuglement ou par un defaut d'application, cette signification reste enveloppée pour nous. Une des plus fortes raisons, qui nous cache le sens des Songes, ou qui nous le fait prendre de travers, c'est que souvent nous sommes plongez dans une sécurité excessive, & tout aussi souvent allarmez par des inquiétudes également outrées. L'Esprit qui a du commerce avec nous, est toûjours également tendre, toûjours également occupé du soin de veiller sur nos intérêts, mais les facultez de nôtre Ame ne sont pas toûjours dans la même disposition de répondre aux impressions de cette *Intelligence favorable*, de cet *Ange tutélaire*. D'ailleurs le langage de cet Esprit peut devenir plus ou moins intelligible, à proportion que nôtre cerveau est plus ou moins accablé des vapeurs qui excitent le sommeil. Il est certain qu'à parler proprement, nôtre Ame ne sauroit dormir, mais il est évident d'un autre côté, que son activité peut-être diminuée par le sommeil du Corps. De quelle maniere ce Phenomène arrive, & jusques à quel point il peut troubler les operations de nôtre Esprit, c'est un point

point, dont la décision est du ressort des Anatomistes, qui connoissent la construction des parties de nôtre cerveau, & la force de nos organes.

5. Si tous les Hommes ne sont pas également favorisez du commerce des Intelligences pures, l'opinion dont il s'agit ici n'en souffre en aucune maniere, & ce n'est pas là une difficulté, qui vaille la peine, qu'on y réponde. Il ne faut pas s'imaginer que ce commerce des Esprits dégagez de la matiere avec nos Ames; soit hors de la sphere de la Providence, qui n'est autre chose que la volonté divine semblable à un *vent*, *qu'il soufle où il veut*. Ce commerce peut fort bien subsister, sans avoir des bornes certaines, & sans être partagé à tous les hommes par portions égales. Supposons, que les *Esprits purs*, qui se plaisent à nous entretenir de cette maniere incomprehensible, soient des Agents libres, & maîtres du choix de leurs amis, quel inconvénient en peut-il dériver ? Si nous ne penetrons point dans les causes de ce choix, & de cette préference, ce n'est pas à dire, que ce choix, & que cette préference ne puissent avoir une baze, dans nos Ames, & dans les Intelligences dont il est question; nôtre ignorance est une très-mauvaise source de preuves. J'ai voulu alléguer le sentiment de cet habile Ecclésiastique, & les principes, sur lesquels il le fondoit, parce qu'ils s'accordent avec tant d'exactitude

tude à ce que je pense sur la même matiere. Mais ce n'est pas là le seul fruit que j'aye tiré de mes conversations avec ce sage ami; il conduisit encore ma Raison dans d'autres recherches, où jusques-là je ne m'étois gueres appliqué.

Il me semble, me dit-il un jour, que vous examinez avec beaucoup d'attention la nature des Songes, & les preuves, qu'on en peut tirer, de la réalité *du Monde des Esprits*; mais dites-moi, je vous prie, ce que vous pensez des Songes, qui nous viennent tout en veillant, *transports, extazes, visions, bruits, voix, pressentimens*. Ne voyez-vous pas que ce sont des preuves encore plus fortes de la même verité, puisqu'elles nous frappent dans le temps que nôtre Raison est maîtresse d'elle-même, & que sa lumiere n'est pas enveloppée des vapeurs du sommeil?

Cette demande me força à tourner, pour ainsi dire, mes réflexions, vers une infinité d'objets; que j'avois observé autrefois dans moi-même & dans d'autres personnes. Je me mis à méditer sur tout, sur les choses de cette nature, qui m'étoient arrivées dans ma vie solitaire, quand j'avois tout le loisir nécessaire d'y prêter attention. Depuis cette conversation je ne vis presque jamais mon ami, sans l'entretenir sur ces sortes de sujets.

Mais comme rien n'est plus libre que la conversation, & qu'on y passe, pas les transitions

sitions les plus imperceptibles, d'une idée à une autre, j'eus un jour avec lui un long entretien sur les notions communément reçues selon lesquelles les Planettes sont autant de Terres habitables, & ce qu'il m'en dit fit de si profondes impressions dans mon cerveau, que pendant plusieurs jours il me parût, que j'étois réellement transporté dans les Regions, qui étoient les objets de ma curiosité.

Je ne sai si mon Imagination est plus disposée que celle d'un autre, à réaliser les idées, qui la frappent, ou si l'influence de ce *commerce des Esprits purs*, dont je viens de parler me rendoit alors capable d'avoir les notions les plus claires & les plus fortes du *Monde invisible*, mais il est certain, que mon Ame fit un Voyage réel, dans toutes ces prétendues Terres habitables. Je croi que les Avantures, que j'eus dans ce voyage, & les découvertes que j'y fis, valent bien la peine d'être communiquées à mon Lecteur. Ces découvertes m'ont rendu beaucoup plus habile, que je n'étois auparavant, & j'espere qu'elles feront le même effet sur ceux, qui les liront.

Je pourrois faire une longue digression ici, sur la force de l'Imagination, & sur les idées distinctes, & lumineuses, que les objets les plus éloignez peuvent y faire naître, lorsque nôtre Ame est dans un degré d'activité extraordinaire. Je conviens que le surcroit de lumiere, dont nous sommes alors

éclai-

éclairez, ne produit pas toûjours des effets d'une régularité exacte; fort souvent ils sont extrêmement confus, & nôtre Raison n'étant pas capable de les digerer, ils bouleversent tout nôtre cerveau. Dans ce cas cette lumiere ne cause que des conceptions lunatiques, qui degenerent en *Frénesis*. Les idées & les images qui entrent dans le cerveau en foule, & avec rapidité accablent tous les organes du cerveau. La Raison ne sait à quelle aller, & pendant qu'elle est dans cette incertitude, & qu'elle n'a pas le loisir de les arranger, elles s'arrangent d'elles-mêmes à tout hazard, forment les liaisons les plus bisarres, confondent tous les rangs, & mettent tout le cerveau sens dessus dessous; ce qui est assez bien exprimé, par la phraze, dont nous nous servons d'ordinaire, pour dire qu'un homme est Lunatique. *La tête lui tourne*, disons nous; effectivement on ne sçauroit dans cette occasion mieux comparer le cerveau, qu'à un *moulin à vent* dont les aîles agitées par une tempête tournent avec tant de violence, qu'ils mettroient tout le bâtiment en feu, si une main habile n'étoit pas toute prête à détourner ce malheur.

Cette main habile & toûjours prête à prévenir de tels desordres represente fort bien, à mon avis, une Raison forte, qui s'est fait une habitude d'exercer un Empire Souverain sur les images du cerveau. Dès qu'elle apperçoit cette foule de nouvelles idées, dont la variété varieté est infinie, elle les arrange dans les places, qui leur sont convenables, les attache les unes aux autres avec prudence, & d'une maniere conforme à leur nature; alors elle est capable d'agir sur ces idées avec vivacité, elle les réalise, *elle les voit, les entend, leur parle*, & elle en est aussi fortement frappée, que si c'étoient des objets véritables. C'est là ce que j'apelle *vision*, ou *extaze*, & voilà, si je ne me flatte, l'état où je me trouvai, pendant mon voyage dans les Regions celestes.

J'avois eu, comme je l'ai déja insinué, une longue conversation, avec mon ami l'Ecclesiastique, sur le mouvement, la distance, & la grandeur des Planettes; sur leur situation, sur l'Orbitte dans laquelle elles se meuvent, sur leur degré de lumiere, sur leur humidité, & sur leur chaleur proportionnée à l'éloignement dans lequel elles sont à l'égard du Soleil, sur leur possibilité d'être habitables, sur les influences, qu'elles nous envoyent; en un mot, sur tout ce qu'on peut dire touchant ces Corps celestes, dont le vulgaire se forme des conceptions si absurdes. Là-dessus mon Imagination, qui dès mon Enfance avoit aimé les courses, prit son essort, & charmée de voyager sur nouveaux frais, j'étois touché d'une maniere aussi forte, & aussi sensible, de tout ce que je crus rencontrer dans ces espaces immenses, que je l'avois été autrefois de tous les objets, qui avoient frappé réellement mes Sens dans les

deserts

deserts de la Russie, & de la Grande Tartarie. Comme le souvenir qui m'est resté de ce voyage celeste est proportionné aux impressions que j'en reçus, je me crois en état d'en faire une relation très-exacte.

Après avoir passé ces brouillards, qui environnent nôtre Globe, & qu'on appelle l'*Atmosphere*, je tournai mes yeux en bas, & j'ai de la peine à exprimer, jusqu'à quel point je trouvai notre nôtre Monde, petit, vil, & méprisable. Tout homme, qui a l'Imagination un peu vive, est le maître de faire la même expérience. Il n'a qu'à fixer son Esprit avec toute l'attention possible, sur la maniere, dont la Terre doit s'offrir aux yeux de quelque Etre élevé au-dessus d'elle, à la même distance, & à réaliser cet objet dans son Imagination; il verra que tout ce qui est si fort au-dessous de lui doit diminuer de prix dans son Esprit, à mesure qu'il diminue de grandeur à sa vûe.

Si un homme pouvoit subsister sans nouriture, & vivre dans l'Air seulement à la hauteur d'un mille de la Terre, il mépriseroit le Monde, & la vie, qu'on y mene, à un tel point qu'il ne voudroit pas descendre pour en être le seul possesseur & le maître absolu? Quoiqu'il soit impossible de se mettre dans cette situation d'une maniere corporelle, l'Ame humaine est pourtant capable de s'élever au-dessus de la Terre, & même d'atteindre en quelque sorte à la source, de la
Lu-

Lumiere. Si elle se sert de cette force, elle verra qu'à mesure qu'elle montera au-dessus de ce Globe, la valeur de tout ce qui est terrestre baissera sous elle.

Voila la premiere observation, que je fis dans mon voyage; je ne suis pas d'avis d'en tirer de longs *Corrollaires*; mais je dirai pourtant, que si nous pouvions nous résoudre à contempler le Monde du même œil, qu'on le regardera, quand on sera sur le point d'en sortir, & qu'on sera posé, pour ainsi dire, entre le Temps, & l'Eternité, on se sauveroit les douleurs, & les troubles, qui accompagnent la repentance, & l'on refuseroit de jouïr d'un nombre infini d'objets, où l'on trouve à present sa plus grande félicité.

Je suis persuadé, que dans cette circonstance si triste pour la plûpart des hommes, nous verrons plus d'un seul coup d'œil, qu'à present nous ne sommes capables de découvrir avec toute notre pénetration, & avec toute notre prétenduë sagesse. C'est alors que se dissipera ce nuage de préjugez & cette tempête de nos passions; nôtre Ame verra la valeur intrinseque & réelle de toutes les choses, elle se fixera entierement sur ses plus grand intérêts, & elle regardera avec mépris & avec horreur, ce qu'elle aura consideré autrefois comme les objets les plus dignes de ses desirs & de son attachement.

Ayant

Ayant continué mon vol, je perdis bientôt la Terre entierement de vue, mais m'étant encore élevé davantage, & la confiderant dans une certaine Pofition à l'égard du Soleil, je la vis changée en Lune, par la réflexion des rayons de ce grand Aftre. *Vous avez beau briller*, lui dis je, *votre lumiere ne m'en impofe pas, elle n'eft qu'empruntée, & vous n'en avez point qui vous foit naturelle.*

J'étois alors entré dans cet efpace immenfe, que nous appellons le Ciel, & je me trouvois fans refpiration; ma vie, n'en étoit que plus douce, & plus agréable; & je humois avec délice la pureté de la matiére Ethérée. Mes yeux en même temps jouïffoient d'un fpectacle dont il m'eft impoffible d'exprimer toute la beauté; rien n'étoit capable de borner ma vuë, qui étoit devenuë plus perçante & d'une plus grande portée; je pouvois découvrir comme d'un feul coup d'œil tout le Syftême planétaire; je dis plus; ma vuë n'étoit pas limitée par ce feul Syftême; je ne voyois pas feulement un Soleil unique avec toute fa fuite de Planete, qui roulent dans les Orbites qui leur conviennent; je découvrois de tous côtez un nombre infini de Soleils entourez d'un cortege tout auffi magnifique de Planetes, & de Satellites, dont les mouvemens convenoient à leur Syftême particulier, & qui rouloient dans cet efpace immenfe fans la moindre confufion, & avec toute la beauté majeftueufe, qu'il eft poffible de s'imaginer.

Le

Le spectacle de tous ces différents Systêmes, me fit découvrir clairement, que la raison, qui peut avoir porté la Divinité à la création de tous ces Corps prodigieux, ces *Soleils*, ces *Planetes*, ces *Lunes*, est recherchée en vain, par ceux, qui font leur unique étude de penetrer dans la nature des Corps, qui composent cette Terre. Ceux qui veulent savoir pourquoi Dieu a formé les Cieux & leurs armées, ce noble ouvrage de ses mains, doit quitter ce Globe méprisable, & s'élever plus haut ; ils comprendront alors clairement que la puissance infinie a produit un grand nombre d'Etres, que nous ne connoissons pas seulement, & qu'il y a une liaison si étroite entre tous les Corps créez, que la création de l'un a été la cause de la création de l'autre, & qu'il n'y en a point qui existe, sans que son existence soit nécessaire à l'existence de quelqu'autre, & à l'usage auquel il a été destiné.

En me voyant à cette hauteur, je ne pus pas m'empêcher de faire quelques reflexions sur moi-même, & sur tout le Genre humain; *nous vivons, dis-je, sans faire la découverte de tant d'Etres admirables, & nous nous attachons avec tant de passion à de petits riens, que nous déchirons les uns les autres, que nous nous persécutons mutuellement pour l'amour des objets les plus méprisables, si on les compare à toutes les merveilles de la Nature dont mes yeux sont à present frapez.*

Quel-

Quelque mortifiante que soit une pareille réflexion pour un homme, qui vit sur cette Terre, elle ne me donna pas le moindre chagrin; j'étois dans un état où l'affliction n'avoit point de prise sur moi. Mon Ame détachée de la matiere recevoit toutes sortes d'idées avec tranquilité, & se trouvant sans passions, elle n'étoit pas susceptible de troubles, & d'inquiétudes.

L'examen que je fis des choses, que je rencontrois, pour ainsi dire, sous mes pas, se sentoit de ce calme de mon Ame, & je concevois les choses d'une maniere dont on n'a pas seulement une idée, quand nôtre Raison est environnée de ces broüillards, qui l'enveloppent de tous cotez sur la Terre. Comme il me reste encore des traces de cette maniere de concevoir, j'espere donner une relation aussi exacte des découvertes, que je fis dans ce voyage, que l'est celle, que j'ai communiquée au Public touchant mes *voyages terrestres*.

Dès que je fus entré dans le *Systême Planetaire*, je vis clairement l'absurdité des Nations modernes, qui font de toutes la Planetes autant de Mondes habitables, & je ne doute pas que je ne le fasse toucher au doigt & à l'œil à mes Lecteurs, sans leur imposer la nécessité de faire le même voyage.

Par un *Monde habitable*, j'entends un corps qualifié pour contenir, & pour faire subsister des hommes, & des animaux; dans ce sens, on peut être sûr qu'il n'y a aucune Planete habitable excepté seulement la *Lune*. Mais qu'est-ce que c'est que la *Lune* pour mériter le nom de Monde ? C'est un petit terrein toûjours couvert de brouillards & gueres plus grand que la Province d'*York*. D'ailleurs, si absolument parlant une Créature humaine pouvoit y vivre, ce ne seroit que d'une vie triste, languissante & presque insuportable. J'espere que vous m'en croirez bien ; si je vous dis, qu'en passant parlà je n'y vis ni hommes ni femmes, ni enfans ; j'entends par là que je ne découvris pas la moindre raison propre à me faire croire que ce petit Corps soit habité. Pour ce qui regarde les autres Planetes, j'ose soutenir, que la chose est absolument impossible, & je m'en vais le faire voir en détail, en les examinant toutes selon leur rang.

Saturne, la Planete la plus éloignée du Soleil, qui est le centre de tout ce Systême, est un Globe d'une d'une vaste étenduë, froide, & humide au plus haut degré. La lumiere n'y est pas aussi vive en plein jour, que chez nous la plus grande obscurité dans un temps serain, & suposons que ce soit un Corps de la même nature, & composé des mêmes Elémens que nôtre Terre, le froid terrible doit rendre ses Mers d'airain & ses campagnes de fer, je veux dire, qu'une glace éternelle les doit rendre les unes & les autres d'une terrible dureté, comme le sont les parties de nôtre

tre Monde qui sont sous le Pole septentrional pendant le solstice d'hyver. Quel homme, ou quel autre animal pourroit habiter cette Planete froide à l'excès ? à moins qu'on ne veuille supposer que Dieu ait formé les hommes pour les Climats, & non pas les Climats pour les hommes ; ce qui me paroît absolument insoutenable.

Toutes les Notions, qui tendent à faire de *Saturne* une Terre habitable, sont contraires à la Nature, & incompatibles avec le sens commun. Cette planete est dans une si prodigieuse distance du Soleil, qu'elle n'a que la quatre-vingt-dixiéme partie de la chaleur & de la lumiere, dont nous joüissons ici, de maniere que le jour le plus clair n'y ressemble qu'à nos belles nuits, qui ne sont éclairées que par les Etoiles, & qu'il y fait toûjours quatre-vingt dix fois plus froid, que chez nous pendant les hyvers les plus rigoureux.

Jupiter est beaucoup moins éloigné du Soleil, & l'air y doit être par conséquent bien plus temperé, mais cette différence, quelque considérable qu'elle soit, n'est assez grande pour nous persuader, que ce soit un Monde habitable. Cette Planeta n'a que la 27e. partie de la lumiere, & de la chaleur, qui éclaire, & qui échauffe notre Terre ; ainsi le plus grand jour n'y ressemble qu'à nôtre Crepuscule ; sa chaleur est incapable de faire plaisir dans l'Eté, & son Hyver doit être

d'un

d'un froid, où aucun Corps humain ne sauroit résister.

Mars, si l'on en veut croire les Philosophes de l'antiquité, est une Planete pleine de feu & de vivacité, & par rapport à son mouvement, & par raport à ses influences; cependant il n'a que la moitié de nôtre lumiere, & le tiers de nôtre chaleur; d'ailleurs, comme *Saturne* est une Planete froide & humide, celle-ci est chaude, & seche. L'intemperie de l'air y est si grande, qu'il est impossible que des Hommes l'habitent, à cause de son manque de lumiere, & de l'humidité requise, pour rendre ses Campagnes fertiles. Des observations incontestables nous font voir, qu'il n'y a jamais ni pluye, ni vapeurs, ni rosée, ni brouillards.

Venus & Mercure sont dans l'extrémité opposez; elles détruiroient les hommes & les animaux par un excès de lumiere & de chaleur, comme les autres par leurs ténébres continuelles, & par leur froid excessif; par conséquent, il est évident que toutes ces Planetes ne sont ni habitées, ni habitables. La Terre seule a la temperature nécessaire pour faire subsister les Hommes & les Animaux d'une maniere agréable. Elle est entourée d'une Atmosphere, & la défend contre les approches de la matiere Etherée, trop fine & trop subtile pour nous permettre la respiration, & qui empêche les exhalaisons utiles qui sortent de la Terre, de se perdre & de se diffidissiper dans les espaces immenses de *l'air pur*. Non seulement cette Atmosphere les retient mais elle les condanse encore, & elle les fait retourner vers nous en rosées & en pluies, qui rafraichissent, & qui humectent nos campagnes.

Quoique la route que je parcourois, ne fût point *le grand chemin*, je ne laissois pas d'y rencontrer un grand nombre de Voyageurs. J'y vis des armées entieres de bons & de mauvais Esprits qui marquoient beaucoup d'empressement, comme si c'étoient des Couriers, qui alloient & venoient de la Terre vers un endroit infiniment élevé au dessus de tout ce qui étoit à la porrée de mes yeux.

Je dirai ici en passant, que quoique, dans ce voyage extraordinaire, j'aie parcouru une grande partie du Monde invisible, je n'ai pas pû pourtant prendre une assez grand effort pour parvenir au Monde de la lumiere. Il est inaccessible à tout homme mortel, mais je vis bien pourtant, que de penetrer dans cette partie du Ciel, qui s'ouvre à l'industrie des seuls Astronomes, c'est faire un grand pas pour arriver un jour dans la partie la plus éloignée, où les meilleures Lunettes d'aproche ne sauroient atteindre.

Si je prétends qu'on se trompe grossierement en croyant les Planetes habitables, il ne faut pas qu'on en infere, que tout l'Espace, que j'ai parcouru, soit un desert destitué de toutes sortes d'habitans. Bien loin de là, cet Espace même est justement le *Monde des Esprits*, ou du moins un de ces Mondes habitez par des *Intelligences pures*.

C'est là que je vis clairement, que Satan est *le Prince de la Puissance de l'Air*. Il est exilé dans ce vaste desert, soit par sa propre inclination pour être à portée de troubler Dieu dans la direction des choses humaines, & pour épier de là l'occasion de faire du mal aux Hommes, dont la felicité excite en lui la plus maligne envie, selon le Sentiment de nôtre célébre *Milton*; soit que ce poste lui ait été assigné par un Decret éternel de la Divinité, qui par des motifs inconnus à l'Homme l'a destiné à être le tentateur perpétuel du Genre humain ; je n'ai pas poussé assez loin mon voyage, pour être bien instruit de ces sortes de secrets, dont la source est bien plus élevée au-dessus de nous, & où l'Imagination même ne sauroit atteindre.

Je trouvai, que Satan a placé là son camp, & qu'il y tient sa Cour. Les Legions qui l'entourent, prêtes à exécuter ses ordres sont innombrables, & par conséquent, il ne faut pas s'étonner, qu'il exerce son empire dans toutes les parties du Monde, & que ses desseins soient poussez avec chaleur & même avec succès, non seulement dans chaque païs, mais encore dans chaque individu humain.

Ce spectacle me donna une juste idée de la maniere dont le Diable mérite le nom de
Tenta-

Tentateur, & me fit pénétrer dans un secret, que je n'avois pas su bien développer auparavant. Je compris, que ce Prince de l'Air n'est pas capable de faire la moitié du mal, dont il plaît aux hommes de le charger. Il est vrai, qu'il employe pour nous nuire, toute la dexterité, toutes les ruses, & tous les stratagêmes imaginables, & qu'il est secondé dans ses mauvaises intentions par le Ministere d'un nombre infini de serviteurs. Il est vrai encore, que rien n'égale sa vigilance, & son attention, pour bien exécuter ses noirs projets. Mais son pouvoir n'est pas si grand pourtant que nous voulons bien nous l'imaginer ; ce pouvoir se borne à nous tendre des pieges, mais il ne sauroit nous forcer d'y donner, & nous pousser au crime d'une maniere irrésistible. On ne sauroit l'accuser justement, que d'exercer son adresse & son industrie pour nous rendre le crime aimable; mais si nous ne dévoilons pas les fantômes, qu'il fait si bien ajuster, & que nous donnions tête baissée dans ces apparences trompeuses, c'est nôtre propre faute, & nous devons nous en prendre à nous-mêmes. Il agit avec nous, comme au commencement du Monde il a agi avec Eve; il tâche de nous persuader, que ce que nous avions résolu de ne pas faire, n'est pas un peché, ou du moins que ce n'est pas un peché aussi grand, que nous nous l'étions imaginé. C'est à ces opérations de Satan que l'Ecriture Sainte fait allusion, en parlant des

Conseils du Diable, de la subtilité du malin, & des embuches, qu'il nous tend. Mais accuser le Démon de nous pousser dans le Crime par force, & par violence, c'est lui faire une injustice criante. Les pechez, que nous commettons, ont leur source véritable dans nôtre penchant naturel vers le mal.

Je ne prétends pas ici entrer dans une dispute formelle, sur le *peché originel*, que plusieurs personnes éclairées & vertueuses n'admettent pas, mais je croi que tout homme capable de quelque attention m'avouëra qu'on remarque dans tous les humains une inclination pour le Vice, & une espece d'aversion pour la Vertu ; que ces dispositions leur soient innées, ou qu'elles leur viennent de quelqu'autre maniere, c'est dont je ne déciderai pas ; il est sûr toûjours que nous les avons, & que c'est là le Diable qui nous tente de la maniere la plus efficace. L'Ecriture Sainte est formelle là dessus, puis qu'elle nous dit *qu'un Homme est tenté quand il est emporté par ses propres convoitises.*

Il y a dans l'Homme un amour secret pour la folie, & pour l'extravagance ; ils n'ont qu'à se laisser entraîner au torrent de leurs inclinations, pour abandonner la Raison, & pour donner dans le crime, au lieu qu'il faut forcer la Nature, pour se tenir attaché à la Vertu. Le Diable possede l'art de se servir adroitement de cette corruption du cœur humain. Il sent bien, qu'il n'est pas assez

puissant

puissant pour engager le Genre humain dans une rebellion ouverte contre le Ciel, mais aussi il ne néglige rien pour suppléer à sa foiblesse par son industrie. Il se maintient par son esprit, & son empire n'a d'autre appui que sa subtilité & ses ruses. Voilà ce que dans mon voyage j'ai appris à fond de la Politique de Satan, & je me trompe fort si cette découverte n'est pas tout à fait nouvelle.

Ses Legions innombrables sont toutes remplies d'*Aides de Camp*, qui sont continuellement occupez à porter ses ordres, & à exécuter ses desseins, dans toutes les parties du Monde, où il trouve le moindre jour à diminuer l'autorité de Dieu, & à traverser la félicité de l'Homme. Son empire n'est nulle part aussi absolu, que parmi les Nations sauvages, où il a eu le crédit de s'ériger en Divinité, & de se faire adorer à la place du seul & vrai Dieu ; mais, quoi qu'il soit tranquille possesseur d'un si grand nombre de Peuples, & qu'il paroisse pouvoir les gouverner à son aise, il ne néglige pas pourtant cette partie de ses Domaines ; Au contraire, il fait tous ses efforts pour y maintenir son Autorité, & même pour l'augmenter de plus en plus. Dans cette vuë il y député un bon nombre de ses Ministres, pour répondre aux conjurations du moindre vieillard à tête fêlée, pour exciter des tempêtes, & pour faire paroître dans l'air des flammes infernales, qui imitent les éclairs ; En un mot pour effrayer ces pauvres gens,

gens, & pour faire par là que leur dévotion s'entretienne dans le même degré de chaleur.

Pour réüssir dans ce projet, il détache de ce côté-là des bandes entieres de ses Agents, les unes vers une partie du Monde, les autres vers une autre; vers le Nord de l'Amérique aussi loin qu'elle s'étend du côté de la Groenlande; vers le Nord de l'Europe occupé de Lapons, de Samojedes, de Tartares Monguls; vers les *Gog* & *Magog* de l'Asie, vers les Sorciers de la Chine & du Japon, vers les Isles Méridionales des Indes, & vers le Sud de l'Afrique, & de l'Amérique.

Grace à ses efforts, rien ne s'oppose à son Despotisme, dans toutes ces vastes Provinces. Il y est adoré en personne, ou dans les Idoles monstrueuses, qui le representent, & devant lesquelles ses aveugles Idolâtres se prosternent avec un Zele, dont il a lieu de se contenter.

Il y employe encore quelques Millions de ses *Missionaires*, qui travaillent à étendre son Royaume & *ad propagandam fidem*. Je ne doute pas même qu'il n'y eût un bon nombre de ses Députez dans mon Isle, toutes les fois, que j'y ai vu débarquer ces petites armées de Sauvages Amériquains. Ne falloit-il pas qu'ils eussent le Diable au corps, pour s'exposer à la mer dans leurs foibles canots, uniquement afin d'avoir la satisfaction de se dévorer les uns les autres. Dans tous ces païs la brutalité & la cruauté furieuse des Peuples, est, à
mon

mon avis, une preuve certaine de l'ascendant, que le Diable a sur leur Esprit.

J'en reviens à mon *voyage extatique*: si je pouvois remarquer sans peine, que Satan n'étoit pas obligé à de grands efforts d'esprit & de politique rafinée, pour gouverner ces Peuples, il me fut très-aisé de voir qu'il trouvoit d'assez grandes difficultez pour faire réüssir ses projets dans les heureux païs où regne le Christianisme. Il n'agit pas là par des armées formelles, commandées par ses Generaux; il tâche de faire ses affaires parmi nous, par le moyen de ses Espions & de ses Agents qui nous attaquent chacun à part d'une maniere cachée, par des ruses, par des insinuations adroites, & par des pieges, qu'ils savent ouvrir sous nos pas. Malheureusement ces difficultez ne tournent bien souvent qu'à sa gloire, & il sait les surmonter, en redoublant son industrie, & en inventant tous les jours de nouveaux stratagêmes. Il ne manque pas de Sujets zelez pour les mettre en pratique; ils y sont employez par Millions, & à peine y a-t il parmi nous un Homme, une Femme, ou un Enfant, qui n'ait son Diable particulier, qui le guette, & qui tâche de le faire donner dans le paneau.

Je vis encore comme d'un seul coup d'œil, la maniere, dont ces mauvais Esprits exercent leur pouvoir, jusqu'à quel point il s'étend, quels obstacles ils ont à surmonter, & quels autres Esprits s'oposent à la réüssite de leurs

leurs abominables desseins. Je m'en vais ranger toutes ces découvertes dans les classes séparées, & les développer en aussi peu de mots, qu'il me sera possible; mes Lecteurs n'ont qu'à se laisser guider par les expériences, qu'ils feront à l'avenir, pour donner plus d'étendue à chacun de ces articles.

Je parlerai d'abord des bornes, qu'il a plu à la bonté Divine de donner à la puissance du Diable. Il faut savoir prémierement, que quoiqu'il ait à son service un nombre infini de Ministres fidelles, qui ne négligent rien pour exécuter ses projets, il n'y a pas seulement un nombre égal, mais infiniment plus grand d'Anges & de bons Esprits, qui armez d'un pouvoir supérieur, veillent d'un lieu beaucoup plus élevé sur sa conduite, & font tous leurs efforts pour faire échouer ses Machinations. Cette découverte fait encore voir plus clairement, qu'il ne sauroit rien faire que par subtilité, & par ruse, soutenues d'une vigilance & d'une attention extraordinaires, puisqu'il a la mortification de se voir à tout moment arrêté & traversé dans ses desseins par la prudente activité des bons Esprits, qui ont le pouvoir de le châtier, & de le mâtiner, comme un homme fait à un méchant dogue, qui guette les passants pour se jetter sur eux.

Il suit de là que le Diable ne peut rien faire à force ouverte; il n'est pas le maître de blesser, de tuer de détruire. S'il avoit ce pouvoir
le

le pauvre Genre humain meneroit une vie bien triste, & seroit obligé d'être continuellement dans les plus mortelles aprehensions. Je dis plus, il n'a pas le pouvoir de gâter les fruits de la terre, ni de causer des secheresses, la dissette & la famine. On a tort encore de s'imaginer qu'il est en état de répandre dans l'air des vapeurs contagieuses capables de produire la peste, & la mortalité. Avec un tel pouvoir, il auroit bien-tôt dépeuplé le Monde, & forcé Dieu à créer une nouvelle race d'hommes, s'il vouloit avoir sur la terre des créatures capables de l'honorer par un culte religieux.

Il est dit de Judas, qui trahit JESUS-CHRIST *qu'il étoit allé dans son lieu*, & du *Mauvais riche*, que levant les yeux de l'*Enfer*, où il étoit, il vit Lazare dans le *Sein d'Abraham* ; ce qui fait voir clairement, qu'il doit y avoir des lieux fixes destinez pour les damnez, & pour les bienheureux.

Si l'on ne peut pas douter de la réalité de de ces lieux, il ne laisse pas d'être très-difficile de dire quelque chose de certain, de la Compagnie, dont on y joüira. Il est aisé de prouver qu'il y a un *Monde invisible*, mais il est très-mal-aisé de faire voir, en quoi ce Monde invisible consiste, & de quelle nature sont ses habitans. Les recherches, qu'on peut faire là-dessus, rencontrent par tout des difficultez & des ténébres.

Je ferai tous mes efforts pour applanir ce

chemin raboteux, & pour en dissiper l'obscurité épaisse, qui l'assiege de toutes parts. Si j'y réussis mal, j'espere du moins avoir la satisfaction d'exciter quelque Esprit sublime, plus accoutumé que moi à la méditation des choses abstraites, à pénétrer plus avant dans ce sujet, & à en développer tout ce que la Providence permet d'en connoître à une Raison aussi bornée que la nôtre.

Il y a dans l'Ecriture Sainte un nombre infini de passages, où il est fait mention d'*Esprits*, mais ils ne nous disent rien de positif sur leur nature, & sur leur maniere de se communiquer aux Hommes. Quand, par exemple, nôtre Sauveur se promena sur le bord de la mer & que sa vue effraya ses Disciples, il est certain, que leur frayeur proceda de l'opinion où ils étoient, que *c'étoit un Esprit*. Il est étonnant que ces hommes pieux, qui avoient *vu Dieu manifesté dans la chair*, fussent dans la disposition d'avoir peur d'un *Esprit*, ou plûtôt d'une *apparition*; car c'est de cette maniere qu'il faut entendre ce passage, puisqu'il est évident, qu'un véritable Esprit n'est pas visible à des yeux corporels, & qu'il ne sauroit faire la moindre impression sur la matiere.

Il est très-surprenant, dis-je, que cet Esprit causât une si grande frayeur aux Disciples de Jesus Christ, qu'elle les forçât à *s'écrier*. Si c'étoit un *bon Esprit*, il n'y avoit rien à craindre, & si c'étoit un *mauvais Esprit*,

prit, à quoi leur auroient servi *les cris*, qu'ils poussoient ? Quand les gens effrayez de quelque objet crient, c'est ou pour appeller quelqu'autre au secours, ou bien pour demander grace à l'objet & à la cause de leur frayeur. De quel de ces motifs que les cris de ces Disciples pussent venir, ils avoient leur principe dans une haute extravagance ou dans un grand crime. Si c'étoit un *bon Esprit*, leurs cris étoient ridicules, & si c'étoit un mauvais Esprit, à qui leurs cris étoient ils adressez ? Il est certain, qu'ils ne s'adressoient pas à Dieu, pour le prier de détourner d'eux quelque mal dont ils se croyoient menacez ; ils *crioient* donc pour appeller le secours des hommes contre un mauvais Esprit, ce qui est extravagant, ou bien ils poussoient des cris suppliants vers le mauvais Esprit lui-même, pour le conjurer de les épargner ; ce qui étoit impie & criminel, puisque c'étoit adresser une espece de culte au Diable.

C'étoit agir de la maniere qui est en usage chez plusieurs Peuples de l'Afrique & de l'Amérique, qui empruntant de leur frayeur les maximes de leur Religion, adorent le Démon, pour être à l'abri de sa rage.

La seule excuse qu'on puisse donner à cette bisarre conduite de ces Saints Homme doit être tirée de la profonde ignorance dans laquelle ils croupissoient encore dans ces temps-là, & dans les notions absurdes, que ces gens sans étude avoient tiré d'une mauvaise Education.

Mais, pour revenir à nôtre sujet, tous les obstacles dont nous avons parlé, n'empêchent pas le Diable d'exercer sa rage infernale, contre le Royaume de Dieu, & contre la félicité de l'Homme. Il tâche à surmonter toutes ces difficultez par sa finesse & par sa vigilance, & il sait trouver le moyen de nous inspirer des maximes qui nous font travailler à nôtre propre destruction ; il se sert pour cet effet des artifices les plus subtils ; Il ne néglige rien pour glisser dans nos ames des désirs criminels, & pour y animer, par son souffle infernal, le feu de l'impudicité, de l'orgueil, de la vengeance, & de la colere ; en un mot, pour ouvrir le passage du crime à nôtre corruption naturelle.

Je pourrois faire un Traité en forme, en donnant ici un Systême complet de la Politique de Satan, & un corps de sa Philosophie, mais je me contenterai d'en indiquer quelques regles fondamentales.

1. Une de ses grandes vuës est de faire passer dans l'esprit des Hommes des Maximes de Liberté, & des désirs de rebellion, contre leur Créateur & leur Maître. Il tâche de leur persuader, qu'il est injuste de les faire naître avec certains penchants, & de leur défendre de s'y livrer, de mettre dans leurs sens de sources de plaisir, & de les menacer

sacer de son indignation s'ils osent puiser dans ces sources. Il leur fait croire, qu'un Dieu, qui les feroit naître avec les inclinations les plus fortes pour certains plaisirs, & qui leur enseigneroit en même temps, que de donner un libre cours à ces penchants naturels, c'est se précipiter dans les plus funestes malheurs, ne feroit que leur tendre des pieges dans la nature même de leurs corps & de leurs ames, ce qui seroit incompatible non seulement avec sa bonté, mais encore avec sa justice.

2. Il s'efforce à les faire conclure de là que les idées, qu'on veut nous donner d'une punition éternelle, ne sont que de vains fantômes dont on veut nous effrayer. Selon sa Morale, il est absurde de penser, qu'un Dieu juste voudroit punir par des supplices infinis des pechez passagers & des offenses finies. Il seroit indigne de sa Majesté de prendre garde à chacune de nos actions, & de nous faire rendre compte de chaque petite irrégularité de conduite. Cet Être, qui a de si grandes dispositions à la bonté, & à la misericorde, & qui dirige tout l'Univers vers nôtre bonheur, doit certainement nous permettre de jouïr des plaisirs qu'il nous prépare lui-même, & de nous y abandonner sans la moindre crainte.

3. Comme il est naturel de croire que le Diable peut faire des progrès dans la Scien-

ce du mal, & s'y perfectionner l'Esprit, auſſi bien que les Hommes, j'oſe aſſurer qu'il a appris depuis peu à inſpirer aux Hommes une Notion vague de la non-exiſtence d'une Divinité; mais il ne ſauroit réuſſir à faire gouter cette Doctrine, qu'à ceux, qui ayant donné un libre cours à leurs paſſions, ont pris l'habitude d'accommoder leurs raiſonnemens aux interêts de leurs deſirs criminels.

Autrefois le Diable n'étoit pas aſſez inſolent pour vouloir tromper le Genre humain par une idée, qui étoit détruite par le ſentiment de ſa propre exiſtence, mais j'ai vû par les découvertes, que je fis dans le *Monde inviſible*, que les hommes ont fait naître eux-mêmes ce deſſein ridicule dans l'Eſprit de Satan. Il a vû, que quelques uns d'entre nous prêchoient avec ſuccès cette doctrine, à laquelle il avoit cru la Raiſon humaine inacceſſible; il s'en eſt ſervi comme d'une nouvelle invention, & pour en tirer tous les avantages poſſibles, il la fait mettre en œuvre, par une certaine ſorte de Diable appellez *Inſinuateurs*, qui étoient employez autrefois à inſpirer aux Hommes des deſirs criminels pendant le ſommeil.

Je dirai ici en paſſant, que j'appris dans mon voyage, la maniere dont ces Miniſtres de Satan s'y prenoient pour ſoufler le crime à quelqu'un, & je me fais fort de faire rêver à une perſonne tout ce que je trouve à propos. Supposé qu'une personne soit ensevelie dans un profond sommeil; un autre n'a qu'à approcher la bouche de l'oreille du dormeur & lui dire quelque chose assez doucement pour ne le pas éveiller, il est certain, qu'il lui fera naître des rêveries, qui rouleront sur le sujet dont il lui aura parlé.

Comme je sai par expérience, que ce fait est certain, je suis sûr qu'une grande partie de nos Songes, viennent de cette maniere de *chuchoter* du Diable, qui nous soufle dans l'oreille les sujets criminels, sur lesquels il veut que notre Esprit travaille pendant le sommeil. Je suis persuadé encore que ces *fins insinuateurs* peuvent produire le même effet sur nous, dans le temps que nous sommes éveillez.

Ce que je viens d'avancer me conduit naturellement aux *inspirations*, qui ne sont autre chose, à mon avis, que des discours, qui nous sont imperceptiblement soufflez dans l'oreille, ou par de bons Anges, qui nous favorisent, ou par ces Diables *insinuateurs*, qui nous guettent continuellement, pour nous faire donner dans quelque piege. L'unique maniere de distinguer entre les auteurs de ces discours, c'est de prendre garde à la nature de ces inspirations, & d'examiner, s'ils tendent à nous porter au bien, ou au mal.

C'est de ces insinuateurs seuls, que nous

peuvent venir ces passions, dont nous ignorons la cause, ces crimes, qu'on peut en quelque sorte appeller involontaires, & ces simples desirs qui frappent aussi fortement l'Imagination, que si on y satisfaisoit d'une maniere effective & réelle.

Comment arrive t-il que notre Esprit s'exerce dans le plus profond sommeil sur des objets vicieux, quand nous n'avons pas frayé le chemin à ces sortes de rêves, par des discours & par des pensées, qui pourroient y avoir du rapport ; D'où vient qu'indépendemment de notre volonté, notre cerveau se remplit d'Idées agréables, ou terribles, également propres à exciter en notre cœur des mouvemens criminels ? Il est certain, qu'on ne sauroit attribuer tous ces *Phenomenes* qu'à l'instigation de ces *Démons insinuateurs*, qui approchent de l'oreille d'un homme endormi, ou éveillé, & qui font passer dans son cerveau les idées les plus dangereuses, & les plus capables de le détourner de la Vertu.

M. *Milton*, dont l'Imagination étoit encore plus enfoncée, que n'a été la mienne dans les abîmes de l'Empire du Diable, sur tout quand il a décrit le Palais de Satan apellé *Pandemonium*, est exactement du sentiment que je soutiens ici. Il nous representé Eve endormie dans sa hute, accompagnée du Démon, qui joint à son oreille dans la forme d'un crapaut lui inspire des rêve-

rêveries, qui font d'assez fortes impressions sur son Esprit, pour la faire pécher le jour après, contre la seule défense, qu'il avoit plû à Dieu de faire à nos premiers parens. Eve remplie de ces Songes fait l'office du Diable auprès de son époux, & par une relation funeste, elle fait passer dans son Esprit les mêmes images, qui lui avoient donné un sommeil si inquiet.

Quoique la pensée de cet illustre Auteur puisse être prise pour l'effet de l'invention Poëtique, elle est très-propre étant bien dirigée à nous donner une Notion juste des Songes, & à nous faire comprendre, qu'il ne faut pas les considerer tous également comme un assortiment fortuit d'Idées. Elle nous insinue qu'on peut y trouver quelquefois des avertissemens propres à nous faire éviter un desastre, & à nous diriger vers quelque bonheur, & que bien souvent on y remarque des insinuations du Diable, qui tendent à nous porter au crime, en remplissant notre cerveau d'images, qui étouffent notre Raison & qui éveillent nos penchans vicieux. Cette derniere espece d'*Inspiration*, non seulement doit nous rendre attentifs à en prévenir l'effet ordinaire, mais encore elle doit exciter en nous le plus vif repentir si notre ame s'y est prêtée avec complaisance, & si elle a soufert, que ces images dangereuses gagnassent pendant quelques momens le dessus sur les principes de
Rai-

Raison, qui nous attachent à la sagesse.

De cette vision aussi claire que générale que j'ai euë de la maniere dont le Diable ménage ses affaires, on peut tirer plusieurs consequences très-utiles. J'en conclus d'abord, que puisque le commerce des mauvais Esprits avec les Hommes est si libre, il ne doit plus nous paroître étrange qu'il y ait mille routes ouvertes au commerce de notre ame, avec toutes sortes d'habitans du Monde invisible, de quelque nature qu'ils puissent être.

J'ai déja observé, que les bons Esprits occupent une région particuliere; mais elle est au-dessus de notre portée, & placée infiniment plus haut que ne s'étendent les limites de l'Empire de Satan. Comme les intelligences, qui occupent ce séjour élevé, passent & repassent dans l'air avec une rapidité étonnante, je n'ai pû rien découvrir de leur conduite, que ce que j'en ai remarqué dans ma Vision de l'Empire du Diable, dont les desseins sont continuellement traversez par leur pouvoir supérieur. Si j'ai le bonheur d'être emporté un jour au dessus de la matiere, par une extase assez forte & assez vive, pour pouvoir examiner l'œconomie des *Esprits vertueux*, je ne manquerai pas d'en faire une relation exacte, en faveur de mes contemporains; & de la posterité.

Tout ce que j'ai pû conclure de cette

Vision, c'est que le commerce des bons & des mauvais Esprits avec nous se fait de la même maniere. Comme il a plû à Dieu de garantir les Hommes de la vûë du Démon dans toute sa difformité naturelle, il a voulu aussi, qu'il ne fût permis aux Anges que rarement, sur tout dans ces derniers Siecles, de nous apparoître dans la forme glorieuse, qui leur est propre. Nos Ames dans le temps qu'elles sont enveloppées de la matiere, ne pourroient pas soutenir une vûë si merveilleuse & si brillante, ni se familiariser avec ces Intelligences celestes, à moins que par une espece de miracle, & par un effet de la puissance immédiate de Dieu, elles n'en soient renduës capables.

D'ailleurs si le commerce de ces Esprits purs avec nous se faisoit d'une maniere aisée & naturelle, & qu'il leur fut permis en conversant familierement avec nous de nous communiquer toutes leurs lumieres, Dieu déchireroit par là, pour ainsi dire, le voile que sa bonté & sa sagesse a placé entre nous & la connoissance de l'avenir : Il nous tireroit de ces ténébres de l'ignorance, qui font le plus grand bonheur de notre vie, & sans lesquelles elles nous seroit insupportable. Que mes Lecteurs ne se trompent pas en prenant mes expressions de travers ; par la connoissance de l'avenir, je n'entends ici, que la prescience des choses, qui doivent nous arriver dans ce Monde.

J'ai

J'ai été assez extravagant quelquefois pour me ranger dans la classe de ceux, qui se disent la bonne avanture à eux-mêmes; mais quand je m'efforçois à me transporter de cette maniere au delà de la sphére ordinaire de nos connoissances, je comprenois sans peine, que nous étions trop heureux d'avoir la vuë courte, & de n'appercevoir que les objets, qui sont tout près de nous.

Cette maxime n'est pas seulement vraye par rapport à l'avenir, mais encore à plusieurs autres égards. Si par exemple nous pouvions voir des yeux de l'Ame cet Air même, qui nous environne, & que nous respirons, nous le verrions rempli d'une foule d'Esprits, qui, grace à Dieu, nous sont à present invisibles, & qui nous causeroient des frayeurs continuelles. Nous verions toute la conduite de ces Messagers de la Divinité, qui sont employez à recevoir nos Ames au sortir du corps, qui semble luter contre cette cruelle separation, & peut-être apercevrions-nous des choses qui nous feroient fremir, & qui à chaque moment troubleroient toute la felicité, dont nous pouvons joüir pendant cette vie.

Il vaut infiniment mieux pour nous qu'un voile épais nous cache ce *Monde invisible*, aussi bien que la conduite de la Providence par raport à l'avenir. La bonté divine paroît même en ce que le commerce des Esprits, & les avertissemens, qu'ils nous donnent, soient effectuez,

fectuez, d'une maniere allégorique par des inspirations, & par des Songes, & non pas d'une maniere directe, claire, & évidente. Ceux qui souhaitent une vûë plus distincte des choses futures ne savent pas ce qu'ils souhaitent, & si leurs vœux étoient exaucez, ils trouveroient peut-être leur curiosité cruellement punie.

Une Egyptienne, à qui une Dame de mes amies demanda un jour de vouloir bien lui dire la bonne avanture, le refusa tout net; *je vous conjure, Madame,* lui dit-elle, *de ne me pas demander ce dont vous seriez au desespoir d'être instruite.* Cette réponse marquoit beaucoup de bon sens & de probité dans une personne, dont la profession étoit d'attrapper quelque argent, en amusant la curiosité du Peuple, par des lieux communs exprimez d'une maniere équivoque, & susceptible de toutes sortes d'interprétations.

Les Oracles de Delphes & d'autres lieux fameux où sans doute le Diable répondoit lui-même aux questions des Hommes dans le temps que Dieu lui donnoit une plus grande liberté, qu'il ne lui accorde à present, étoient exprimez avec des ambiguitez toutes semblables; quelquefois ce n'étoient que les Echos des demandes, qu'on faisoit à la prétendue Divinité;

Devons-nous craindre en mer les Rochers, & l'orage ?
 Echo - - - Rage.
Le Parthe est à cheval, faut-il combattre ou fuir ?
 Echo - - - fuir.

On se contentoit de ces sortes de réponses, & quel que fût l'événement, les hommes superstitieux & crédules prenoient la peine de justifier les Dieux, à force de commentaire, & secondoient ainsi la fourberie des Oracles. Il n'étoit pas permis au Diable, à qui je crois certainement qu'il faut attribuer ces Propheties ambigues, de répondre d'une maniere plus nette & plus catégorique, & les épaisses ténèbres, qui cachoient l'avenir, n'étoient pas dissipées par ces réponses équivoques.

Il sera très-utile de marquer ici les bornes dans lesquelles sont restraintes les Visions, & les extases ; je suis aussi éloigné de l'Enthousiasme & du Fanatisme, que qui que ce soit, & je serois fort fâché de gâter l'Esprit à mes Lecteurs, en leur donnant occasion de s'imaginer de voir des *choses invisibles*, & qui sont au-dessus de la portée de l'effort que peut prendre l'ame humaine.

Qu'on se persuade donc que par un Decret éternel nos transports, & nos extazes ne vont pas plus loin, pendant que notre Ame est enfermée dans des Corps, qu'au *Ciel étoilé* :

tout

tout ce qu'on prétend avoir vu au delà, ne consiste qu'en fables absurdes ; l'Ecriture même nous assure, que tout ce qui est plus haut est caché non seulement à notre vûë, mais encore inaccessible à nos conceptions.

Je dirai à cette occasion, qu'il y a, à mon avis, une témérité impie, à vouloir former une idée exacte du Ciel & de l'Enfer, & d'aller à cet égard au delà de ce que nous en rapportent les Livres sacrez. Ils nous dépeignent plûtôt la situation, où nous nous y trouverons, que les endroits mêmes, & à cet égard ils nous assurent, que ce sont des choses *qui ne sont point entrées dans le cœur de l'Homme*. Nous devons nous contenter de l'idée générale, qui fait consister le Ciel dans la faveur de Dieu, & l'Enfer dans la privation éternelle de sa grace.

La face du Seigneur forme par tout des Cieux ;
Et sans elle l'Enfer se rencontre en tous lieux.

Voila tout ce que nous en savons ; toutes les Visions, qu'on nous débite au delà, sont de purs Romans engendrez dans une Imagination déréglée, par un Esprit malade & fanatique ; on en découvre l'extravagance dans presque toutes les descriptions, qu'on a voulu nous donner du Ciel ; on y bâtit des Palais tout d'or, accompagnez de Jardins magnifiques, & l'on y place des Hommes tout brillants de pierres précieuses. Toutes ces beautez imaginaires sont si fort au-dessous de la Gloire réelle du séjour de la félicité, qu'elles sont incapables de faire la moindre impression sur un Esprit qui sait s'élever seulement d'un petit nombre de degrez au dessus de la matiere; C'est tout au plus nous dépeindre le Paradis, que l'Alcoran promet à ses crédules Sectateurs; c'est faire un Ciel pour les sens, qui sont vils & méprisables en comparaison de notre Ame, qui doit trouver dans le Ciel une félicité conforme à la grandeur & à l'excellence de sa Nature; toutes ces descriptions sont tellement au dessous d'un *Paradis spirituel*, qu'il m'est aussi difficile d'exprimer jusqu'à quel point elles sont imparfaites, qu'il m'est difficile de trouver des expressions assez fortes, pour donner une idée du véritable Ciel.

Il est de la derniere évidence qu'il est impossible de faire une pareille description; le seul moyen que nous avons de nous former l'idée d'une chose qui nous est inconnuë, & qui ne sauroit frapper nos sens, est de lui prêter la forme de ce que nous connoissons. Mais qu'est-ce que nous connoissons? qu'est-ce qui frappe nos Sens, dont nous puissions emprunter l'idée de Dieu, ou du Ciel? Quelle image avons-nous dans l'Esprit capable de nous faire juger de l'état des bienheureux & de la gloire éternelle? Nous n'avons qu'à arrêter la fougue de nôtre Imagination; tous ses efforts sont inutiles à cet égard, il nous est

est impossible d'y réussir, & il y a du crime à l'essayer.

Qu'on me suppose encore dans l'extase, que je viens de décrire, qu'on me place dans le *Systême Planetaire*, & même dans l'Orbite du Soleil si prodigieusement éloignée de nôtre Terre; qu'on me fasse parcourir tout l'Empire du Prince de la Puissance de l'Air, & qu'on ouvre même à ma vuë tout le Monde des Esprits.

Dans cet état il m'est encore tout aussi impossible de passer tout l'espace qui sépare le *fini* de *l'infini*, que si je me trouvois sur la surface de la Terre. Il en sera toûjours de même, jusqu'à ce que nos Ames dégagées de leurs enveloppes terrestres prendront leur essort vers le centre de la Gloire, d'où elles pourront voir chaque objet dans son état naturel. Ne soyez donc pas surpris de ce qu'après avoir fait les découvertes, que je vous ai communiquées je suis revenu sur nôtre Globe, également ignorant sur l'avenir, & avec les mêmes idées imparfaites du Ciel & de l'Enfer. Ces sortes d'Extases ne servent qu'à nous donner une notion claire de ce que *nous sommes*, sans nous rien enseigner de ce que *nous serons*, & cependant les avantages qu'elles nous procurent valent bien la peine d'entreprendre un pareil voyage. Voilà les avertissemens que j'ai voulu donner à mes Lecteurs, pour les empêcher de bâtir des Systêmes ridicules, sur la baze que je leur ai donnée; & de les élever

élever assez haut pour les faire crouler sur leurs fondemens.

Mon voyage est fini ici, & je viens à quelques moyens plus ordinaires, & plus familiers de découvrir le commerce, que nous avons avec les habitans du *Monde invisible*.

Un de ces moyens consiste en certains *pressentimens* que nous sentons dans nôtre Ame, & qui nous dirigent à faire, ou à ne pas faire une certaine chose, sur tout dans le temps, que nôtre Esprit balancé par des motifs d'une égale force suspend ses résolutions. Je suis convaincu de la réalité, & de l'utilité de ces avertissemens secrets, & par les remarques que j'ai faites sur ce qui m'est arrivé à moi-même, & par mes réflexions sur les incidens où des Personnes de ma connoissance ont été sujettes.

Un de mes amis se trouvant éloigné de Londres d'environ deux lieuës, y fut visité par un Gentilhomme, qui après avoir dîné avec lui le pria instamment de vouloir bien aller avec lui à cette Capitale du Royaume. *Comment donc*, lui répondit mon ami, *ma presence y est elle nécessaire ?* Nullement, lui repliqua l'autre, vous n'y avez aucune affaire, que je sache, & je ne vous prie de faire cette course que pour avoir la satisfaction de joüir plus long-temps de vôtre Compagnie. Là-dessus il cessa de le presser, & n'en parla plus ; cependant mon ami sentit dans son cœur un pressentiment des plus forts ; il lui sem-

sembloit qu'il entendoit une voix, qui lui disoit continuellement, *allez à Londres, allez à Londres* ; il imposa silence à cette voix secrette à plusieurs différentes reprises, mais elle s'obstina à lui répéter toûjours les mêmes paroles. Voyant qu'il n'étoit pas le maître de se défaire de ce pressentiment, il remit son ami sur le même sujet. *Je vous conjure*, lui dit-il, *de me dire naturellement s'il y a quelque chose à Londres, qui demande ma presence ; avez vous en quelque raison particuliere pour me prier de vous y accompagner ?* » En aucune maniere, *lui répondit l'autre* ; j'ai vû de- « puis peu toute votre famille, que j'ai « trouvée en très bon état, & qui ne m'a « pas dit un mot, qui puisse me persuader « que votre retour y soit nécessaire. » Là-dessus mon ami tâcha de nouveau de s'ôter cette pensée de l'Esprit, mais il avoit beau faire, cette voix ne lui laissoit point de repos, & il croyoit entendre à tout moment, *allez à Londres*. Il en prit à la fin la résolution, & à peine fut-il entré chez lui, qu'il y trouva une Lettre, & qu'il apprit, que des gens l'étoient venu chercher pour une affaire qui devoient lui valoir plus de mille Livres st. & qu'il auroit manquée, selon toutes les apparences, s'il ne s'étoit trouvé chez lui ce même jour.

Après des expériences aussi claires que celle-là, qu'il a-t-il de plus naturel pour des personnes raisonnables, que de ne pas né-

négliger des preſſentimens, d'une pareille force, & de s'en laiſſer guider dans des affaires, qui ſans eux auroient paru indifférentes & d'un ſuccès douteux ? N'y a-t-il pas toutes les apparences imaginables, que ces ſortes de voix ne ſont que les murmures de quelque Intelligence bien-faiſante, qui voit ce que nous ſommes incapables de voir & qui ſait des choſes cachées à notre pénétration.

A moins qu'il ne plaiſe à la Divinité de permettre aux habitans du *Monde inviſible*, de nous fréquenter familierement, & de nous communiquer leurs idées, par des organes ſemblables aux nôtres, il n'eſt pas poſſible d'en recevoir des avertiſſemens plus clairs, que celui dont je viens parler. C'étoient des paroles dites à *l'Eſprit* ſi elle n'étoient pas dites à *l'oreille*, & le ſens en fut confirmé par l'événement.

Je connois une autre perſonne, qui s'eſt fait toûjours une regle d'obéïr à ces ſortes d'avertiſſemens ; il m'a ſouvent déclaré que quand il les écoutoit avec docilité, il s'en trouvoit bien, & qu'il n'avoit jamais manqué de réuſſir mal, quand il les avoit négligez. Il me rapporta, entre autres, un cas très-particulier dans lequel il s'étoit tiré d'une affaire très-épineuſe en ſe dirigeant conformément à un de ces conſeils ſecrets.

Ayant eu le malheur de déplaire à ceux qui étoient alors à la tête du Gouvernement,

il

il fut poursuivi en justice. Persuadé, que le parti dont il étoit, étoit fort disgracié à la Cour, il n'osa pas courir le risque de de se défendre en propre personne & trouva à propos de se cacher. Sa situation étoit des plus fâcheuses, & pour éviter la fureur de ses ennemis, il ne voyoit d'autres partis à prendre, que de quitter le Royaume, ce qui devoit le priver de sa famille & lui faire perdre sa charge. Il ne savoit à quoi se résoudre ; tous les Amis qui lui restoient dans son malheur, lui conseilloient unanimement d'éviter les mains de la Justice, laquelle, quoique le crime, dont il étoit chargé, ne fut pas capital, le menaçoit d'une ruïne entiere. Dans ces tristes circonstances, un matin, qu'il s'étoit reveillé, & qu'une foule de pensées chagrinantes, s'entroient dans son Esprit, il sentit avec force dans son Ame une espece de voix, qui lui disoit, *Ecrivez leur une Lettre*. Cette voix étoit si intelligible, & si naturelle, que s'il n'avoit pas été convaincu d'être seul, il auroit cru que ces paroles étoient prononcées par quelque Créature humaine.

Pendant plusieurs jours elles lui furent repetées à chaque moment ; enfin se promenant dans la chambre, où il s'étoit caché, rempli de pensées sombres & mélancoliques, il les entendit de nouveau, & il répondit tout haut, *à qui voulez vous donc que j'écrive* ; & la voix lui repliqua sur le champ,

champ, *écrivez au Juge*. Ces mots lui furent encore répetez à différentes réprises, & le porterent enfin à prendre la plume & à se mettre en état de composer une Lettre sans avoir dans l'Esprit aucune idée nécessaire à son dessein ; mais *dabitur in hac hora*, &c. Les pensées & les expressions ne lui manquerent pas ; elles coulerent de sa plume avec tant d'abondance & avec une si grande facilité, qu'il en fut dans le plus grand étonnement, & qu'il en conçut les plus fortes espérances d'un heureux succès.

La Lettre étoit remplie d'une si grande force de preuves, & d'une éloquence si pathetique, que dès que le Juge l'eût examinée avec attention, il lui fit dire de se consoler, & qu'il feroit tous ses efforts, pour le tirer d'affaire. Il tint sa parole en honnête homme, & il eut assez de crédit, pour arrêter les procédures & pour remettre mon malheureux ami, en liberté, &, dans le sein de sa famille.

Après s'être convaincu de la réalité de ces avertissemens, on pourroit me demander d'où ils peuvent nous venir. J'ai déja insinué, que ce doivent être des voix secrettes de quelques Intelligences bien faisantes, qui se communiquent à notre Ame sans le secours des organes. Il ne faut pas s'imaginer pourtant, que commerce se fait indépendemment de la direction de cette Puissance, qui gouverne le *Monde invisible*

aussi

aussi bien que le *Monde corporel.* De combien le séjour de ces Esprits, qui s'interessent de cette maniere en ce qui nous regarde peut être éloigné de nous, & par quelles routes ils font entrer ces pressentimens dans nôtre Ame, & jusqu'à quel point s'étend leur relation avec nous, c'est ce que je n'ai pas pu découvrir au plus fort même de mon extase.

D'autres personnes à qui je me suis ouvert librement sur les remarques que j'ai faites touchant ces sortes de sujets, m'ont demandé encore, si je n'avois rien découvert de l'état de nos Ames, au sortir du Corps, avant que d'entrer dans le séjour, qui leur est destiné pour toute l'Eternité. Ils ont voulu savoir de moi si elles menoient une vie errante dans l'espace le plus élevé de l'air, & voisin du centre de la Gloire ; si elles restoient pendant un certain temps renfermées dans les limites de nôtre Atmosphere, comme dans une espece de *Limbe,* ou bien si elles étoient transportées d'abord dans le Soleil, & si nôtre Sauveur au lieu d'avoir été enlevé dans le *Ciel empirée,* n'étoit pas monté seulement dans cet Astre, pour y recevoir les Ames, qu'il a rachetées, pour les faire joüir de sa Gloire, jusqu'à la restauration de toutes choses. Enfin si le Diable se met d'abord en possession des réprouvez, & s'il les fait tourmenter par les Démons subalternes, selon les idées du vulgaire.

Je leur ai toûjours répondu, qu'on ne sauroit dire rien de certain sur tout cela, & que par mes contemplations les plus sérieuses je me suis convaincu, qu'on ne pouvoit rien débiter là dessus que des Chimeres, & des conjectures vagues. Je ne doute pas que les Agents de Satan n'inspirent aux Hommes, sur tous ces sujets, les idées les plus propres à leur faire perdre l'Esprit à force de frayeur, & à les jetter dans un desespoir, dont ils ne reviennent d'ordinaire, que par un remede qui est pire que la maladie, savoir par une incrédulité générale, & par un Esprit d'irreligion, qui leur fait rejetter toutes les Notions d'une Eternité. Dans ce triste état, ils sortent d'ordinaire du Monde, de la même maniere, dont ils y ont vécu, en s'étourdissant sur ce qu'ils doivent devenir après leur mort.

J'en reviens aux *preſſentimens*, qui me paroiſſoient plus dignes d'attention, que toutes les autres *branches du commerce*, que nous pouvons avoir avec le Monde invisible, parce qu'ils vont le plus directement à nous faire éviter des maux, & à nous porter à la recherche de quelque bien. *Les voix, des apparitions*, & tous ces autres moyens effrayants, dont les *Esprits purs* se communiquent à nous, & qui sont une suite nécessaire du séjour que ces Intelligences occupent dans l'air même, que nous respirons, ne sont pas si intelligibles pour nous

à

à beaucoup près, que ces *Chuchetemens*, qui vont d'une maniere plus directe à nôtre avantage.

L'Homme seroit bien malheureux, si son Esprit étoit uniquement accessible aux *Diables Insinuateurs* qui par les subtilitez infernales s'efforcent, le jour & la nuit, à faire des impressions dangereuses sur son Imagination, & si son Ame n'étoit prête qu'à recevoir des conseils qui flattent ses inclinations naturelles. Son sort n'est pas si triste; il a encore la faculté de prêter l'oreille aux avertissemens des Intelligences bien faisantes, qui étant bonnes & vertueuses par leur nature, ne sauroient lui inspirer rien qui ne soit bon & vertueux.

Nous avons une extravagante maniere de parler, dont nous nous servons, quand nous nous voyons surpris par quelque malheur, mais qui a pourtant un fondement bien plus raisonnable qu'on ne se l'imagine d'ordinaire. *Mon cœur me le disoit bien*, dit-on, quelle impertinence ? Si votre cœur vous le disoit, ou plûtôt si quelque Etre le disoit à votre cœur, pourquoi ne preniez-vous pas garde à cet avertissement ? Pourquoi ne songiez-vous pas à en profiter ?

Que toutes ces personnes indolentes, & incapables de mettre à profit leur propre expérience, se mettent dans l'Esprit, que par cette conduite il s'exposent à mille désastres, & qu'il leur arrivera rarement de

Tome VI. T les

les éviter. Je dis *rarement*, car je ne suis pas homme à me donner les airs de décider sur des matieres si délicates ; mais je puis dire d'une maniere très-positive, que je n'ai jamais négligé ces sortes de pressentimens, sans avoir lieu de m'en repentir, & qu'il suit de la nature du sujet même, que vraisemblablement la même chose doit arriver aux autres hommes. Jamais je n'ai, pour ainsi dire, imposé silence à ces *voix secrettes*, que je ne sois tombé dan quelque malheur, & jamais je n'y ai prêté l'oreille, sans m'en trouver bien.

Puisque ces avertissemens roulent sur l'avenir, & que nous voyons par une expérience constante qu'ils sont justifiez par l'événement, ils prouvent avec la plus grande évidence, qu'ils procedent de quelques Etres plus éclairez que nous ; j'en conclus qu'il est de nôtre devoir de profiter de leurs lumieres, qui sont si fort superieures aux nôtres, & de nous en servir pour éviter le mal, & pour nous procurer les avantages, que cette Intelligence a la bonté de nous indiquer.

Je ne saurois m'empêcher d'apuier cette verité par un autre exemple encore, qui me paroît répandre beaucoup de jour sur ce sujet.

Un soir une Dame de mes amies eut dans l'Esprit un pressentiment si fort, que la nuit la maison, où elle se trouvoit, seroit brûlée,

lée, qu'elle ne pût pas se résoudre, pendant quelque temps, à se mettre au lit. Quoique ce pressentiment lui roulât continuellement dans l'Esprit, elle trouva bon d'y résister, & à la fin elle se coucha, mais elle ne put jamais s'en rendre maîtresse, & cette pensée lui causa des frayeurs si grandes & si continuelles, qu'il lui fut impossible de fermer l'œil.

Elle avoit fait assez connoître ce qui se passoit dans son Esprit aux gens de la Maison, pour les allarmer extraordinairement ; ils examinerent tous les appartemens du haut en bas, & ils eurent tout le soin imaginable de bien éteindre le feu, & les chandelles, dans toutes les chambres. En un mot, ils prirent de si grandes précautions, que naturellement il leur devoit paroître impossible, que leur frayeur eût le moindre fondement.

Pour se r'assurer encore davantage, ils prierent les voisins d'examiner tout chez eux avec la même attention. Jusque là tout alloit bien, & la Dame, dont je parle, avoit satisfait à une partie de son devoir ; mais elle auroit bien mieux fait de ne se pas coucher car dans le même tems qu'on faisoit toutes ces perquisitions l'incendie commençoit déja quoique les flammes ne parussent point encore.

Environ une heure après que toute la famille se fut mise au lit, la maison, qui étoit justement vis à vis, étoit tout en feu ; & un

vent

vent vigoureux, qui donnoit précisément de ce côté-là avoit déja rempli celle où demeuroit cette Dame, de Fumée, & de Flammes. La ruë étoit extrêmement étroite, & si par bonheur cette personne n'étoit pas restée éveillée par sa frayeur, elle auroit été étouffée dans son lit avec tous les gens de la maison. Cependant elle n'eut que le temps de se lever à la hâte, & d'avertir les autres du danger, qui les menaçoit. Ils se sauverent tous d'une mort si terrible; cependant si la Dame s'en étoit tenue à sa résolution de ne pas se coucher, & si elle avoit fait prendre ce parti à toute la famille, on auroit pû mettre en sureté un grand nombre de choses de prix, qui faute de cette précaution furent toutes consumées par les flammes. Mais s'étant mise au lit, elle n'eût justement que le temps nécessaire pour se jetter un habit sur le corps, pour descendre & pour gagner la ruë; car un demi quart d'heure après le feu avoit déja gagné toutes les parties de la maison.

On me demandera peut-être ici, pourquoi le même Esprit bien-faisant, qui avoit indiqué le péril, n'avoit pas donné une plus grande étenduë à sa bonté pour cette Dame? Pourquoi ne lui découvrit-il pas la source du danger, & ne la porta-t-il pas à faire faire des perquisitions utiles dans la maison, qui étoit vis à vis, & d'où le vent devoit porter les flâmes dans celle qu'elle occupoit?

Je

Je réponds que moins ces avertissemens sont développez, & plus ils doivent exciter nôtre attention, & notre vigilance, & que nous devons songer plûtôt à en tirer tous les avantages possibles, que de donner la torture à notre Esprit, pour pénétrer dans les raisons de leur peu d'*étenduë*. Ce qu'on peut pourtant s'imaginer là-dessus de plus raisonnable, c'est que ces Esprits nous donnant dans ces occasions toutes les lumieres qu'ils sont en état de nous donner, & qu'ils nous disent tout ce qu'ils savent, ou du moins tout ce que leur Maître & le nôtre leur permet de nous communiquer; s'ils n'avoient pas un dessein réel & sincere de nous favoriser, & de nous garantir du malheur, qui nous pend sur la tête, ils ne nous diroient rien du tout, & par conséquent si leurs avertissemens ne sont pas plus étendus, & mieux développez, il est certain, qu'il ne doit pas être en leur pouvoir de nous en donner de plus utiles. Il faut avouer neanmoins que dans le cas dont il s'agit ici, ils furent assez clairs, & assez intelligibles, pour produire tout l'effet qu'on en pouvoit esperer, si l'on avoit bien voulu y obéïr avec exactitude. Je suis persuadé que dans tous les autres cas il en est de même, & l'on peut demander d'ordinaire avec plus de raison, pourquoi on les a négligez, que par quelle raison ils n'ont pas été plus clairs & plus directs.

Voici encore un autre exemple, qui ne mé-

mérite pas moins l'attention du Lecteur.

Un de mes amis ayant envie de s'en aller à la nouvelle Angleterre, il se présenta justement deux Navires, qui étoient prêts à faire ce voyage, & les deux Maîtres le sollicitoient également, de vouloir bien venir à leur bord en qualité de *passager*. Il me dit qu'il étoit fort indéterminé sur le choix, que les vaisseaux paroissoient également bons, & que les Capitaines étoient l'un & l'autre, honnêtes gens & Mariniers très-expérimentez. J'étois alors fort rempli de mes idées sur les *pressentimens*, & je le priai de s'examiner avec attention & de voir s'il n'y avoit pas dans son cœur quelque mouvement secret, qui le déterminât à prendre plûtôt l'un de ces bâtimens que l'autre. Il me répondit que jusqu'à ce jour-là il n'avoit rien senti de pareil.

Quelque tems après ayant rencontré par hazard un des Capitaines, il conclut son marché avec lui, & lui apprêta tout pour pouvoir s'embarquer au premier jour ; mais depuis le moment qu'il avoit dressé le contract, & même dans l'instant qu'il le signoit, il sentit dans son cœur un mouvement violent qui sembloit le dissuader de se servir de ce navire.

Il me vint voir quelques jours après pour me communiquer ces mouvemens de son cœur qui acqueroient de plus en plus de
nou-

nouvelles forces, & je mé crus obligé en conscience de lui conseiller de ne point prendre ce bâtiment, & de s'accorder plûtôt avec l'autre maître. Après qu'il eut pris cette résolution, il me vint voir de nouveau pour me dire qu'il s'étoit dégagé avec le premier Capitaine, mais qu'il sentoit une aversion bien plus grande encore pour l'autre vaisseau, & qu'il ne pouvoit pas s'ôter de l'Esprit qu'il périroit s'il s'en servoit pour faire le voyage projetté. Là-dessus je le priai de patienter un peu & de me dire dans quelque temps, si ce pressentiment continuoit toûjours. Quelques jours après il me rendit une nouvelle visite, & il me dit qu'il ne pouvoit songer qu'avec la plus mortelle frayeur à faire le voyage dans l'un ou dans l'autre de ces navires, & que néanmoins, il avoit des raisons très-fortes, & très-pressantes, de ne pas remettre cette course à un autre temps.

Quoiqu'il n'y eût que ces deux Vaisseaux prêts à partir pour la *Nouvelle Angleterre* je le conjurai de ne s'y pas hazarder, & je réüssis à lui persuader, que ses appréhensions procedoient des avertissemens de quelque Intelligence bienfaisante mieux instruite de l'avenir que lui, & portée à lui faire éviter quelque grand desastre. Je lui prouvai qu'elles ne pouvoient pas avoir leur source dans la malice de quelque mauvais Esprit, puis-

qu'en

qu'en empêchant son voyage, le Démon ne pouvoit avoir aucun but conforme à ses intentions ordinaires, & que par conséquent il étoit de son devoir d'obéir à cette *voix secrette*, qui tâchoit de le détourner du dessein de se servir d'un des Vaisseaux en question. En un mot, je secondai si bien les mouvemens de son cœur, qu'il prit la résolution de differer son voyage jusqu'à l'année prochaine, & il vit bientôt qu'il avoit pris le bon parti, & que ce pressentiment avoit été causé dans son Ame par un Esprit qui le favorisoit. Un de ces bâtimens fut pris par les Turcs, & l'autre périt avec tout l'Equipage, ayant été coulé à fond, selon toutes les apparences, en pleine mer, puisque depuis son départ des côtes d'Angleterre on n'en a jamais entendu parler.

Je pourrois remplir un volume entier de pareils faits également incontestables; mais je crois n'avoir pas besoin d'un si grand nombre d'exemples pour appuyer une verité, que la Raison prouve avec tant d'évidence. Je conclurai seulement de tout ce que je viens de dire, que puisque nous sentons des pressentimens, qui sont vérifiez par l'expérience, il faut de nécessité qu'il y ait des Esprits instruits de l'avenir; qu'il y a un séjour pour les Esprits, où les choses futures se développent à leur pénétration, & que nous ne saurions mieux faire que d'ajouter foi aux nouvelles, qui nous viennent de là.

Il

Il y a des gens qui attribuent cette espece de prescience à l'Ame humaine même, & ils l'appellent la *seconde vuë* de nôtre Esprit. D'autres en veulent trouver la source dans une *disposition extraordinaire des organes du cerveau*, & d'autres encore l'appellent une *puissance sympathique de l'Ame*, par laquelle elle se prédit à elle-même ses propres desastres. Mais à mon avis tout cela n'est qu'un galimathias dans les formes, qui n'explique en rien l'origine de ces avertissemens clairs, & intelligibles, dont nous pouvons tirer des avantages si considérables. Qu'est-ce qu'une *Sympathie de l'Ame*, ou *une certaine disposition du cerveau*, ont de commun avec la connoissance de l'avenir? Cette voix secrette ne sauroit proceder que d'un Estre intelligent assez éclairé pour voir les choses qui n'existent pas encore, & elle ne sauroit passer jusqu'à nous, que par un commerce, qu'il y a entre les *Esprits purs* & les Esprits enfermez dans des corps; c'est la seule cause naturelle qu'on en puisse alléguer, à moins que d'avoir recours à une révélation immédiate de la part de Dieu, ce qui ne me paroit point du tout raisonnable.

Le devoir de prêter attention à ces pressentimens n'est pas la seule conséquence qu'on puisse tirer de cette verité; il y en a d'autres qui peuvent nous être d'une utilité très-considérable. 1°. Elle nous explique la nature du Monde des Esprits, & nous prouve la certitude

tude de l'exiſtence de nôtre Ame après la mort. 2°. Elle nous fait voir que la direction de la Providence par rapport aux hommes, & aux évenemens futurs n'eſt pas auſſi cachée aux habitans de ce Monde, qu'elle nous l'eſt à nous. 3°. Nous en pouvons conclure, que la pénétration des Eſprits dégagez de la matiere, eſt d'une bien plus grande étenduë que celle des Eſprits renfermez dans des corps, puiſque les premiers ſavent ce qui nous doit arriver, lorſque nous l'ignorons abſolument nous-mêmes.

Toutes ces conſéquences, que je tirai de mes découvertes dans le temps que je me trouvois dans l'extaze, que j'ai décrite, m'ont donné occaſion de faire un grand nombre de Réflexions très importantes, mais je ſens bien qu'il m'eſt impoſſible de vous les communiquer, avec la même force, & avec la même vivacité, dont elles me frapperent alors moi-même. En voici quelques-unes.

La perſuaſion de l'exiſtence d'un Monde d'Eſprits nous peut être utile de pluſieurs différentes manières; nous ſommes les maîtres ſur tout de tirer de grands avantages de la certitude, où nous ſommes, qu'ils ſavent dévoiler l'avenir, & nous communiquer les lumieres, qu'ils ont là-deſſus, d'une maniere, qui nous fait veiller à nôtre conduite, éviter des malheurs, ſonger à nos intérêts, & même attendre la mort d'une Ame ferme, & d'un Eſprit préparé à la recevoir avec con-
ſtan-

tance, & avec une fermeté Chrétienne. Si nous daignions prêter l'attention nécessaire à tous ces objets, & en faire un usage convenable, ce seroit un moyen sûr d'étendre la sphere de nos lumieres, & de nous faire raisonner avec justesse sur la véritable valeur des choses.

Je serois bien fâché d'autoriser, par ce que j'avance ici, les imaginations creuses de certains Hypocondriaques qui sont assez extravagants pour attacher tellement leurs pensées sur le Monde des Esprits, que ce Monde lui-même leur paroit être du même caractere, & qui sont assez imbécilles, pour prendre pour la voix des *Intelligences pures*, les cris de chaque Hibou & les hurlemens de chaque Chien. C'étoit de pareils principes d'extravagances, que les Devins de l'Antiquité tiroient les régles, par lesquelles ils prétendoient trouver l'avenir dans le vol des oiseaux, & dans les entrailles des victimes. Rien au monde n'est plus impertinent, selon moi, que de supposer, que les Intelligences dont je parle, qui sont capables de nous communiquer leurs lumieres par le moyen aisé des *pressentimens* & des *Songes*, ayent besoin quelquefois de la voix d'un Chien, ou d'un Chathuan, pour faire passer leurs idées dans l'Esprit des Hommes. Ce seroit nous donner le démenti à nous-mêmes, & donner certaines bornes à leur commerce avec nous, dont nous savons par expérience que ce commerce est parfaitement libre ; ce seroit supposer encore

core que le *Monde brute* & destitué de raison, auroit une liaison plus étroite avec le *Monde invisible*, que nous-mêmes, ce qui est la chose du monde la plus absurde.

Tout ce qu'on peut alléguer pour sauver cette bisarre hypothese, c'est que les Créatures inanimées entrent dans cette correspondance d'une maniere involontaire, & que c'est plûtôt une *possession* qu'une *inspiration*.

J'avouë, qu'il n'est pas absolument impossible que les habitans du *Monde Spirituel* ayent le pouvoir de se servir des organes des Brutes, pour nous donner des avertissemens, & pour nous instruire de l'avenir, mais je nie absolument, que les animaux privez d'intelligence, puissent parvenir par ce commerce à un plus haut degré de lumieres, que nous. Il est vrai que l'âne de Balaam vit l'Ange qui se tenoit au milieu du chemin armé d'une épée flamboyante, dans le temps que le Prophête lui-même ne l'apperçût pas Mais la raison en est claire, l'Ange étoit réellement au milieu du chemin; l'épée flamboyante, qu'il tenoit dans sa main, causa une frayeur réelle à cet animal, & ce n'étoit que par un miracle, que les yeux du Prophête furent frappez d'un assez grand aveuglement, pour l'empêcher de voir ce spectacle formidable.

Je tâcherai de débroüiller cette influence des brutes sur nos idées d'une maniere conforme à la Raison. Le voisinage des Esprits, dont je parle, par rapport à nous, & la satisfaction qu'ils trouvent à veiller sur nos intérêts, nous rendent cette matiere très-aisée, à mon avis. Il est très-possible, il est même très-naturel, qu'ils ayent le pouvoir d'effrayer les brutes par des apparitions assez horribles, pour les forcer à pousser des cris & à faire des hurlemens dans certains endroits, & dans certaines circonstances, qui ont des relations assez étroites avec des Personnes, ou avec des familles, pour donner à ces cris quelque chose de merveilleux, & pour leur en faire tirer un sens, qu'ils puissent mettre à profit; mais il n'y a pas le moindre principe ni dans la Philosopie, ni dans la Religion, qui puisse nous persuader, qu'il soit possible aux Brutes d'avoir par le moyen de la vûe, ou des autres sens une prescience de l'avenir relative à eux-mêmes, ou aux Hommes. La Matiere peut agir sur des objets matériels, & par conséquent les Sens ou les sentimens des brutes peuvent agir sur des choses visibles; mais la Matiere ne sauroit exercer son activité sur des objets immateriels, & par conséquent un animal privé de raison ne sauroit découvrir un Esprit; Son Entendement ne sauroit penetrer jusqu'à l'avenir, & concevoir l'Eternité, ni toutes les idées sublimes, qui concernent la vie future. Quoiqu'il soit possible, comme je viens de le dire, que

les

les *Intelligences pures* se servent quelquefois du *Monde destitué de Raison*, & qu'ils en tirent des Députez, & des Agents, pour nous communiquer leurs Idées, je ne comprends pas, qu'ils puissent avoir besoin de ces sortes d'Instrumens, & je puis protester que pendant tout le voyage, que j'ai fait dans le Monde invisible, je n'ai jamais vû qu'ils en fissent le moindre usage.

C'est encore parce que nous raisons de travers sur *ce Monde invisible*, que nous mettons sur le compte du Diable un grand nombre d'incidents absolument fortuits, dont il ne sait rien, bien loin d'en être l'Auteur; bien des orages s'excitent dans l'air, sans qu'il s'en mêle, & plusieurs bruits troublent nôtre repos pendant la nuit, sans qu'il y contribue. Si Satan avec ses Suppôts pouvoit exercer la dixiéme partie du pouvoir, que nous lui attribuons, sur l'Air, & sur les Elémens, nous verrons toutes les nuits nos maisons comsumées par le feu ou renversées par des ouragans, nos Campagnes inondées, & nos Villes détruites, en un mot, le Monde ne seroit pas habitable; Heureusement la puissance du Démon a des bornes bien plus étroites, & comme je l'ai déja dit, quelque puissant qu'il soit, quelques desordres qu'il excite parmi nous, il ne laisse pas d'être enchainé, d'avoir des entraves aux pieds, & de n'être pas en état de faire la moindre chose de haute lutte, &

sans

sans la permission de son Créateur.

Je pourrois faire mention ici d'un nombre prodigieux de Diables Chimériques, dont on nous parle tous les jours, & qui se plaisent à badiner avec nous, à éteindre nos chandelles, à renverser les chaises, à casser les vitres, à tirer les rideaux, & à faire une fumée qui sente le soufre & le salpêtre. Il n'y a pas beaucoup d'apparence, que le Diable ait une grande provision des ingrédiens, qui entrent dans la composition de la poudre à canon, & j'ose vous assurer qu'il n'a pas la moindre disposition à la joye, & à la boufonnerie. Toutes les farces, dont nous le faisons l'*Auteur* ont leur origine dans les fantaisies d'une Imagination déreglée, ou dans quelques cas fortuits, dont nous ne devinons pas d'abord la raison.

J'ai entendu parler d'une maison hantée dans la Province d'Essex, où, selon qu'on debitoit, un Diable, un Esprit, un revenant, ou un Spectre se rendoit toutes les nuits sans faute dans un appartement, où il faisoit un tintamarre terrible, semblable à des coups de marteaux, ou de maillet; & cela pendant deux ou trois heures consécutives. Il arriva à la fin qu'en fouillant dans un vieux cabinet, on y trouva par hazard le maillet, avec lequel le Diable aimoit tant à se divertir; on ne manqua pas de l'ôter de là, pour empêcher cet Es-

prit

prit de s'en servir encore à troubler le sommeil de toute la maison, mais la nuit suivante il fit un si épouventable tapage, enragé de ne plus trouver l'instrument chéri de ses polissonneries, que les gens de la maison plus importunez que jamais trouverent à propos de remettre le maillet dans le même lieu, où ils l'avoient trouvé. Depuis ce temps-là le Diable fut très-ponctuel à venir se divertir par ce moyen-là, & s'occuper pendant deux ou trois heures chaque nuit à frapper de toutes ses forces sur tout ce qu'il rencontroit de plus capable de faire retentir toute la maison.

J'ai vu moi-même la Chambre, & le maillet, & j'ai logé dans cette maison, mais je n'y ai pas entendu le moindre bruit soit qu'on laissât le Diable en possession de son cher maillet, soit qu'on trouvât à propos de l'ôter de cet appartement. Il est naturel de croire que *l'Esprit* savoit trop bien son Monde pour troubler le repos d'un étranger, dans une maison, dont il devoit aider à faire les honneurs.

Cette maison passoit pour *hantée*, & pour *très hantée*, dans tout le païs d'alentour; on n'en doutoit en aucune maniere. La seule difficulté consistoit à découvrir le but de tout ce fracas, qui paroissoit n'avoir rien de commun avec les desseins ordinaires du Démon, qui doit naturellement avoir trop d'affaires pour perdre son temps d'une maniere si puerile.

On vit à la fin que tous les raisonnemens qu'on avoit faits là-dessus, étoient fort inutiles, puisqu'ils rouloient sur une chose qui n'avoit aucune réalité; on remarqua qu'à trois ou quatre maisons de là, il y avoit un singe, qui ayant par hazard trouvé le moyen de se glisser dans cette chambre, ne manquoit pas d'y venir toûjours à minuit, de s'y divertir avec le maillet, & de s'en retourner ensuite tranquillement chez son maître.

Si l'on ne faisoit pas mille fois de pareilles découvertes, on ne manqueroit pas de faire au Diable l'injustice, de le croire capable de venir s'amuser, pendant des nuits entieres, à faire de pareilles polissonneries, qui feroient donner le fouet à un Page. C'est là ce qu'il faut pour détromper le vulgaire de cette opinion absurde qu'il a des occupations du Diable. Pour ceux qui ont pénétré comme moi dans la Region habitée des mauvais Esprits, ils n'ont pas besoin de pareilles preuves. Ils savent trop bien, que le Diable a des affaires d'une trop grande importance, pour s'amuser à ces sortes de fadaises.

Si le Démon étoit capable d'une telle petitesse d'Esprit, l'Ecriture Sainte ne nous avertiroit pas si souvent de nous précautionner continuellement contre ses ruses, par la vigilance, & par la sobrieté, & elle ne nous le représenteroit pas comme *un Lion rugissant* qui épie, sans se donner le moindre relâche, l'occasion de nous devorer. Tous ces avertissemens nous font voir avec toute l'évidence possible, qu'il est toûjours aux aguets, qu'il nous donne continuellement la chasse, pour ainsi dire, & qu'il fait son unique occupation de nous tendre des pieges; ce qui ne sauroit lui laisser le temps de joûer les farces, aux quelles le vulgaire croit qu'il se divertit de temps en temps.

On s'attend peut-être ici à me voir traiter le sujet des *apparitiens*, & répandre des lumieres sur cette matiere herissée de mille difficultez, & enveloppée de ténébres de toutes parts. On verroit sans doute avec plaisir mon sentiment sur la question: Si les Ames dégagées des Corps peuvent venir visiter le Monde visible, prendre différentes figures d'Etres corporels, & se servir de certains *bruits* & d'une *voix*, pour se mêler des affaires humaines, & sur tout de celles de leurs familles.

Mais quoique plusieurs personnes, qu'on auroit tort de taxer de credulité, prétendent avoir été témoins de ces sortes de visions, je ne suis point d'avis de m'expliquer sur un sujet si délicat; je dois avoûer que je n'y vois pas clair encore, & que dans mon extase je n'ai pas été assez élevé au-dessus de la matiere, pour résoudre ce problême.

Je me contenterai d'avertir mes Lecteurs de prendre garde à la fougue de leur Imagination

nation, & de ne lui pas permetre de former des apparitions, là où il n'y en a point. J'ose dire, que le Diable même *n'apparoit* point si souvent de la moitié, qu'on le croit d'ordinaire; un cerveau malade est capable de produire un grand nombre de fantaisies bisarres, dont il ne croit pas être l'Auteur lui-même. Il seroit néanmoins ridicule de conclure de là que toutes les apparitions sont du même genre; & d'inferer qu'il n'y en a point de réelles, de ce qu'il y en a un bon nombre de chimériques.

Je ne me donnerai pas les airs pourtant de prescrire certaines regles, pour distinguer à cet égard la *réalité* d'avec la *chimere*; je veux instruire, & non pas amuser; & par conséquent je serois bien fâché d'avancer des choses, que je susse incapable de prouver.

J'ai entendu parler d'un homme, qui admettoit la réalité des apparitions, mais qui étoit du sentiment qu'il falloit les attribuer toutes au Diable, parce que, selon lui, il étoit impossible aux *bons Esprits*, & aux Ames débarassées du corps d'avoir quelque correspondance avec le *Monde visible*. Il soutenoit au reste qu'il avoit vu une apparition, & il en étoit tellement persuadé, qu'il n'étoit pas possible de le lui faire sortir de l'Esprit; c'étoit, dit-il, la figure d'un Vieillard qui passant devant lui dans l'obscurité dans une posture menaçante, & le poing levé,

levé, lui dit ; *repentez-vous, Homme criminel ; repentez-vous*. Il en fut terriblement effrayé, & ayant consulté plusieurs personnes sur un Phenomene si extraordinaire, ils lui conseillerent tous très-sérieusement de profiter de cet avertissement, qui ne convenoit que trop aux desordres de sa conduite. Pendant qu'il étoit dans une grande perplexité, sur un cas si peu commun, un de ses amis lui demanda s'il pouvoit croire tout de bon que cette voix étoit procédée du Diable, & s'il y avoit la moindre apparence, que l'ennemi du Genre-humain s'interessât dans sa conversion. Cette objection l'embarassa fort, & il fut obligé, convaincu comme il étoit de la réalité de ce qu'il avoit vu & entendu, de donner une autre origine à cet avertissement salutaire.

Il se trouva cependant que celui qui lui avoit dit ces paroles efficaces, étoit un Homme réel, quoique dupé par son imagination étonnée, le pauvre *Pénitent* soutînt fort & ferme, qu'il avoit vu l'apparition s'évanouïr, après lui avoir dit ces mots foudroyants. C'étoit un vieux Gentilhomme grave & pieux, qui le rencontrant par hazard lui avoit parlé de cette maniere ; parce qu'il le connoissoit pour un débauché très-digne d'une si forte remontrance. Ce Vieillard vertueux ayant appris l'effet qu'elle avoit produit sur cet Homme, & qu'il l'avoit attribué à un Spectre, eut assez de prudence

dence pour ne le pas defabufer, de peur que l'illufion diffipée n'emportât avec elle la repentance & la réforme, dont elle étoit la fource & le motif.

Si l'on faifoit un femblable ufage des appartions réelles du Diable, je fuis perfuadé que ce feroit le vrai moyen, de le chaffer pour jamais du *Monde vifible*. Il eft très-naturel de croire, qu'il nous rendroit des vifites fort rares, s'il étoit perfuadé par fon expérience, qu'elles nous porteroient à la Vertu, bien loin de nous faire donner dans fes pieges ; du moins ne viendroit-il jamais nous voir de fon propre mouvement, & il faudroit une force fupérieure pour l'y déterminer.

J'obferverai ici en paffant, que cet ennemi de Dieu eft pourtant tellement dépendant des ordres du Ciel, qu'il ne fauroit s'empêcher de les exécuter quand même ils tendroient à procurer du bien aux Hommes, chofe dont il a toute l'horreur imaginable. Ce n'eft pas que je m'imagine, que Dieu l'employe jamais à faire du bien ; ce n'eft pas là fa deftination à mon avis ; fi le Ciel s'en fert jamais, c'eft pour être un inftrument de fa colere, & un exécuteur de fa Juftice vangereffe. Plufieurs habiles gens font du fentiment qu'il eft fouvent employé de cette maniere, & que c'eft l'*Ange deftructeur* dont les Livres facrez font fi fouvent mention ; je ne veux pas abfolument rejetter ce fentiment ;

ment ; mais il ne me paroît pas extrêmement probable ; il ne me semble pas fort apparent, que Dieu ait de la complaisance, pour le goût que Satan trouve à faire du mal, & qu'il veuille lui procurer le plaisir & la satisfaction d'être le bourreau des Hommes assez criminels pour s'attirer des punitions toutes particulieres.

Je mettrai ici des bornes à mes recherches touchant la maniere dont le Démon est employé au service de son Créateur ; j'aime mieux faire sur les *apparitions* quelques réflexions d'une autre nature, qui me paroissent d'une plus grande utilité, quoiqu'il soit probable, que quelques uns de mes Lecteurs n'en tomberont pas d'accord.

Il y a certains prétendus Esprits forts qui font un très-mauvais usage de l'opinion où ils sont, que toutes les apparitions sont chimériques : ils tombent dans une extrémité infiniment plus dangereuse, que celle où donnent ces Esprits foibles & imbécilles, qui font des Spectres & des apparitions de tout ce qui frape leurs Sens d'une maniere un peu extraordinaire.

Ils se persuadent peu à peu qu'il n'y a point d'*Esprits* du tout ni dans le *Monde visible*, ni dans le *Monde invisible*, & par conséquent ils anéantissent le Diable même.

J'avouë que cette opinion par elle-même n'est pas d'une conséquence fort dangereuse, mais par malheur elle est d'ordinaire suivie de près

près par une autre, qui est abominable au suprême degré. A peine ces gens-là se sont ils mis dans l'Esprit *qu'il n'y a point de Diable* qu'ils commencent à se persuader, *qu'il n'y a point de Dieu*, & de cette maniere, l'Athëisme, & la securité sur une vie avenir s'éleve sur la ruine d'une opinion qui par elle-même ne paroit pas être d'une fort grande importance.

Mon but n'est pas de me servir ici d'argumens en forme pour prouver l'existence de nôtre Créateur, & pour appuier sur les premiers principes du raisonnement, la verité de ses attributs. Je m'en rapporte aux preuves, que tout Etre raisonnable, pour peu qu'il soit capable d'atention, peut tirer du fond de son cœur; mais j'ai envie de finir cet ouvrage par l'Histoire de quelques Athées, que j'ai connus dans ma jeunesse. Je ne me mettrai pas en peine de prouver la verité des faits que je rapporterai; Quand même le Lecteur voudroit en douter, ils n'en seront pas moins propres à lui fournir d'utiles réflexions. Je crains seulement que le sujet n'ait un peu trop de relation avec la Religion & avec la pieté, pour un siecle, où la mode semble les bannir des Livres & des Conversations.

Il y a plusieurs années, qu'il se trouva à une de nos Universitez un jeune Etudiant, qui se distinguoit & du côté du génie & du côté des sentimens du cœur. En peu de temps

temps il fit de si grands progrès, qu'il s'attira l'attention de tous ses Maîtres, qui ne doutoient pas qu'il ne devint un des plus grands Hommes du Siecle. Il arriva cependant, par un desir extraordinaire qu'il avoit de pénetrer avant dans les parties les plus abstraites, & les plus mystérieuses des Sciences, ou bien par une opinion excessive, qu'il se formoit de sa propre capacité, que s'étant adonné à l'étude de la Théologie il adopta les sentimens les plus bisarres, & les plus particuliers, comme si la Verité ne se trouvoit jamais parmi la foule ; de dégré en dégré la particularité de ses idées s'augmenta tellement, que son Professeur en conclut, que si ce jeune-homme continuoit de cette maniere, toute son application aboutiroit à l'*Enthousiasme*, ou bien à l'*Atheisme*.

Il faisoit chambrée avec trois autres jeunes Etudiants, qui par le moyen de beaucoup d'Esprit, & de fort peu de Grace suivirent bientôt l'exemple de leur compagnon, qu'ils voyoient l'admiration de toute l'Université, & qu'ils consultoient comme un oracle.

Le Professeur, qui étoit un Homme très-vertueux, vit bien-tôt avec le plus vif chagrin que sa prédiction s'accomplissoit. Ces jeunes Messieurs pousserent si loin leurs idées superficielles, qu'une étude, où ils étoient entrez, pour découvrir les vrais principes de la Religion ne leur servit, qu'à bannir

nir de leur Ame la Religion même. En raisonnant de travers sur la nécessité de n'admettre que des idées claires & distinctes ils se mirent dans l'Esprit que tout ce dont ils ne pouvoient pas déterminer la nature, & la maniere d'exister, n'existoit pas, & par conséquent ils firent main basse *sur l'existence de Dieu, sur la résurrection, sur la vie future, & sur l'éternité des peines & des récompenses.* Peu contents de s'être jettez eux-mêmes dans cet abîme, ils voulurent y entraîner les autres, ils s'érigerent en Docteurs, & se firent une espece de devoir de renverser par leurs sophismes la Religion naturelle, & la Religion revelée dans l'Esprit de leurs Compagnons, sans se mettre en peine de la malediction, que les Livres sacrez prononcent contre ceux, qui *font du mal, & qui enseignent aux autres à en faire.* Comme la nouveauté, quelque abominable qu'elle puisse être, a de grands charmes pour une jeunesse inconsiderée, ils firent en peu de temps un grand nombre de Proselytes, qui admettoient tous leurs principes, ou, pour mieux dire qui à leur exemple effaçoient tous les principes de leur Esprit. A la grande mortification de tous les honnêtes gens leur doctrine devint fameuse dans l'Université, & ils furent distinguez des autres Ecoliers, par le nom de la *Société des Athées.*

On les reconnoissoit même à un certain

air sombre, & tous ceux, qui avoient quelque attachement pour la Religion, & pour la pieté, les évitoient comme la peste. Qui plus est, on informa contre eux, & leurs assemblées furent défendues, de maniere que la crainte d'être punis severement les empêcha de soutenir leurs sentimens par des especes de Disputes publiques, comme ils avoient déja commencé de faire. Cependant ayant repris courage peu à peu, ils se rallierent, & le malheureux qui étoit à leur tête eut la hardiesse de tenir si ouvertement des discours blasphematoires, qu'il fut enfin obligé de s'enfuir de l'Université, de peur de tomber entre les mains de la Justice.

Cependant avant que d'être obligé d'en venir là, il avoit eu tout le temps de répandre son venin dans l'Esprit d'un grand nombre de ses Camarades, & quoiqu'on l'eût souvent averti de moderer son abominable zele, il étoit parvenu à un tel degré d'impieté, que les sujets les plus sacrez étoient devenus la matiere ordinaire de ses railleries, il avoit osé dire, qu'il étoit capable de composer une Bible, & un Systême de Religion infiniment meilleur & plus raisonnable, que ce qu'on appelle le Christianisme, & que s'il vouloit s'en donner la peine, il se faisoit fort de s'attirer une Secte aussi nombreuse, qu'aucun de ceux, qui s'étoient érigées en fondateurs d'une nouvelle Religion. Je pourrois citer encore ici quantité d'autres
dis-

discours blasphematoires, qui lui étoient familiers, mais ils me font trop d'horreur, pour pouvoir m'y résoudre; on n'a qu'à supposer, qu'il n'y a point d'excès si abominables à cet égard là, où cette troupe de jeunes impies ne donnât avec fureur.

Je m'étendrois trop, si je voulois entrer dans toutes les particularitez de leur Histoire, & donner une Relation de la maniere dont il plut à Dieu de disposer de chacun d'entre eux. Leur nombre étoit monté jusqu'à vingt & deux, dans le temps qu'ils furent forcez de rompre leurs assemblées, & par conséquent la tache seroit trop grande. Je me contenterai de parler de quelques-uns de la troupe, qui n'avoient pas poussé leur extravance criminelle, aussi loin que les autres.

Il y avoit un jeune Homme entre autres qui fréquentoit leur détestable assemblée, mais qui, comme il l'a dit dans la suite, étoit plûtôt *parmi eux*; qu'il n'étoit *un d'entre eux*. Cependant il ne s'étoit que trop livré à leurs Sophismes, & quoiqu'il fût le sujet perpétuel de leurs turlupinades, parce qu'il ne pouvoit pas renoncer entierement à l'idée d'une Divinité, il n'avoit pas laissé de se familiariser de plus en plus avec le sentiment contraire, & de faire de grands progrès dans l'*Atheïsme*.

Un jour, que ce jeune-homme étoit sorti, pour se rendre à leur Société infernale, sans se soucier de plusieurs nuages noirs & épais, qui s'assembloient au-dessus de sa tête, il fut arrêté dans la rue par une grande pluie; elle étoit si terrible, qu'il fut obligé de se mettre à l'abri pendant assez de temps; tandis qu'il attendoit avec impatience la fin de cette pluie, il fut surpris par un coup de foudre extraordinaire dont la flamme lui frisa tellement le visage, qu'il en sentit la chaleur, ce qui lui donna une terrible frayeur; un moment après, comme il est naturel, il entendit un si afreux coup de tonnerre, qu'il lui fit dresser les cheveux sur la tête. La pluie cependant continuoit, & l'obligeoit à rester dans le même endroit, où il eut tout le loisir nécessaire de réfléchir sur sa conduite; *où veux je aller*, se disoit-il à lui même, *dans quel dessein suis je sorti de chez moi? Pourquoi ai-je été obligé de m'arrêter ici? D'où vient cette pluie, cette foudre & ce tonnerre si épouventables? Et quelle peut en être la cause?* En même temps son Esprit fut frappé comme d'un second coup de foudre par cette pensée; *S'il étoit possible qu'il y eût un Dieu, que deviendrois je!* Effrayé de cette idée, il sort brusquement de l'endroit où il s'étoit caché, & nonobstant la continuation de la pluie, il vole dans la rue, pour regagner sa maison, en répétant mille fois, *je ne veux jamais revoir ces gens-là*.

Quand il fut de retour dans sa chambre, il s'abandonna aux pensées les plus doulou-
reu-

teufes, & aux plus tristes inquiétudes. A quelles idées me suis-je livré, dit-il, j'ai eu l'insolente témérité de nier l'existence de l'Estre, qui m'a créé, je me suis ri du pouvoir de ce Dieu, dont les flammes viennent de se faire sentir à mon visage, & qui auroient-pu me consumer, si sa misericorde dont j'ai abusé si long temps, n'avoit pas intercédé pour moi. Que je suis un abominable Scelerat?

Pendant qu'il étoit dans cette Méditation accablante, il reçut la visite d'un de ses plus proches parens, Homme éclairé & pieux, qui lui avoit souvent parlé de la maniere la plus forte, touchant le crime horrible, dont il s'étoit rendu coupable avec tant d'inconsidération.

Le jeune homme, dont le Corps souffroit du desordre de son Ame, avoit été contraint de se mettre au lit. Ce Monsieur le vit dans ce triste état, il apperçut avec plaisir la vive douleur avec laquelle son parent songeoit aux déreglemens de sa vie passée, & il ne négligea rien pour adoucir ses inquiétudes, & pour lui donner les consolations, qui lui étoient si nécessaires. Le pauvre Etudiant également malade de Corps, & d'Esprit, étoit accablé de tant de pensées, qui sembloient se combattre, qu'il eut besoin de quelques momens de solitude, pour calmer les troubles de son cœur, par de sérieuses réflexions. Son parent y consentit volontiers, & en attendant que le Pénitent fut en état de raisonner avec lui avec plus de tranquillité, il se retira dans l'Antichambre avec un Livre.

Dans cet intervalle un autre Etudiant vint frapper à la porte ; c'étoit un des Membres distinguez de la Société, dont je viens de faire mention ; Il ne venoit pas, pour rendre visite à son camarade, mais uniquement pour le prendre en passant, afin de le mener dans cette horrible assemblée. Avant que d'ouvrir la porte le Cavalier, qui lisoit dans l'Antichambre, eut la curiosité de regarder par le trou de la serrure ; non seulement il le reconnut, mais il le reconnut pour un des suppôts de la Société des Athées. Comme il auroit été au desespoir de voir son parent interrompu dans une Méditation, dont il y avoit lieu d'esperer des effets très-salutaires, il n'avoit nulle envie que cet Ami dangereux en approchât ; il ne fit donc qu'ouvrir la porte à peine, d'une maniere qui ne permettoit pas à l'autre de distinguer ses traits, & à travers de cette ouverture il lui dit d'une maniere pathétique ; *Ah mon cher Monsieur, dites à tous nos camarades de se repentir, croyez-moi, il y a un Dieu, je vous en suis garant.* Là-dessus il lui ferma la porte au nez d'une maniere brusque, le planta là sans attendre sa réponce, & rentra dans la chambre de son Parent, qui avoit été tellement enseveli dans ses réflexions, qu'il n'avoit pas entendu le moindre bruit.

Ce-

Celui qui avoit frappé à la porte, étoit un des principaux chefs de cette troupe ; c'étoit un Garçon, qui avoit beaucoup de Génie & de grands talents, dont gâté par la Compagnie qu'il fréquentoit, il ne se servoit que pour se plonger plus avant dans ses affreuses erreurs, & pour leur donner plus de vrai semblance. Le petit nombre de paroles, qu'il venoit d'entendre, le troubla, comme il en convint après, & le remplit d'une secrette horreur; il descendit les degrez dans la plus grande confusion de pensées, qu'on puisse s'imaginer, & sans savoir ce qu'il faisoit, il prit une ruë pour une autre, & s'écarta du chemin qu'il devoit prendre pour se rendre à l'assemblée. Ce qu'on lui avoit dit faisoit de fortes impressions sur son Imagination, & en même temps il étoit choqué, tout ce qu'il se peut, de la maniere incivile, dont on venoit de le rébuter, ne doutant point que ce ne fût son Ami lui-même, qui lui avoit fermé la porte au nez.

Quelquefois il s'en mettoit en colere comme d'un affront formel, & prenoit la résolution de revenir sur ses pas, pour en savoir le motif, & pour en demander satisfaction ; mais il en fut détourné toutes les fois par ces paroles qui lui revenoient dans l'Esprit malgré lui, *il y a un Dieu*, & il ne pouvoit pas s'empêcher de se demander, *Si cela étoit, que deviendrois-je! Hélas*, se répondoit-il, si cela est, c'en est fait de moi ; n'ai-je pas déclaré la guerre à cette notion ? n'ai-je pas traité tous ceux, qui la soutenoient, d'*Esprits foibles, & de fanatiques* ? Ces pensées pourtant ne lui resterent pas long temps dans l'Esprit, il eut assez de force pour dissiper les troubles de son cœur, & quelque Démon lui inspira apparemment le dessein, de ne pas entrer là-dessus dans un trop grand examen, & de se livrer à sa belle humeur ordinaire.

Cette résolution l'appaisa pendant quelque-temps, la dureté, qu'il avoit contractée, par l'habitude de se fortifier contre l'idée d'un Dieu, sembla reprendre le dessus dans son Ame, & il se remit dans le chemin qui conduisoit à son assemblée Diabolique. Ce calme pourtant ne dura pas long-temps ; ces mots, *il y a un Dieu*, revenoient toûjours dans son imagination, & commencerent de nouveau à l'effrayer ; il se souvint encore que son Ami y avoit ajouté ; *dites le à nos camarades ; j'en suis garant*.

Là-dessus il eut la curiosité irrésistible de retourner vers le *nouveau converti*, pour lui demander, quelles nouvelles découvertes il pouvoit avoir faites, pour changer tout d'un coup de sentiment, & pour se convaincre si fortement d'une chose, que peu d'heures auparavant il avoit traitée de chimere ?

La pluie continuoit toûjours cependant, & dans ce moment, elle devint si forte, que

que l'Etudiant en question se trouvant auprès d'une boutique de Libraire trouva bon de s'y arrêter pendant quelque temps. Il y vit un jeune Homme de sa connoissance, qui s'amusoit à lire, C'étoit un Ecolier de la même Université, qui avoit de tout autres principes que celui dont je viens de parler. Il étudioit en Théologie, & se distinguoit parmi ses compagnons par son application, sa pieté, & ses bonnes mœurs. Après les complimens ordinaires, qu'il seroit inutile de répeter, il se mit à parler à l'oreille à l'Athée.

Pour ne pas fatiguer l'Esprit du Lecteur par de continuels *dit-il*, *repliqua-t-il*, &c. je rangerai leur conversation en forme de Dialogue, en décrivant, par maniere de *renvoi*, l'état, où ils se trouverent à mesure, qu'il poussoient leur Entretien.

L'Etudiant. Quand vous êtes entré, je venois justement de prendre ce vieux Livre que voici; mais en voulant lire un petit dialogue, j'ai jetté les yeux par hazard sur un quatrain qui se trouve sur le dos de la page du titre, & je vous avoue que ces vers m'ont fait penser à vous.

L'Athée. A moi! Et pourquoi s'il vous plaît?

L'Etudiant. Je m'en vai vous le dire dans le moment. * Suivez-moi

L'Athée.

* *Ils s'en vont ensemble dans une chambre.*

L'Athée. Eh bien parlez.

L'Etudiant. C'est que ce quatrain me sembloit fort propre à réveiller la Raison d'un misérable Athée comme vous.

L'Athée. Vous avez des manieres de vous exprimer, qui sont tout-à-fait polies !

L'Etudiant. Vous savez bien qu'on ne sauroit vous dépeindre d'un autre maniere.

L'Athée. Soit ; voyons ce beau quatrain.

L'Etudiant. Je le veux bien, pourvû qu'il me soit permis de vous regarder en face, pendant que vous le lirez.

L'Athée. A quoi bon cette cérémonie ?

L'Etudiant. Je ne vous le montre qu'à cette condition-là.

L'Athée. Eh bien, je m'en passerai.

L'Etudiant. Voici une autre condition ; venez, touchez-là ; vous le verrez, si vous voulez me promettre de le lire trois fois de suite.

L'Athée. Voila ma main ; j'accepte le parti.

L'Etudiant. Je veux tenir votre main pendant tout ce temps-là pour des raisons que je vous dirai après.

L'Athée. Que de façons ! *

---

* *Il lit.*

Un Dieu, le Ciel, * l'Enfer, sont peut-être des fables.

Ce doute calme-t-il des Esprits raisonnables ?
Examine, ou trop tard dissipant ton erreur
L'afreuse Verité te remplira d'horreur.

L'Etudiant. Eh bien qu'en dites-vous ?

L'Athée. Je m'en vais vous le dire tout-à-l'heure, mais permettez-moi de vous demander auparavant, par quelle raison vous m'avez serré la main.

L'Etudiant. N'avez-vous pas senti quelque émotion en prononçant ces paroles, *Un Dieu, l'Enfer*.

L'Athée. Quelle émotion ? que voulez-vous dire par là ?

L'étudiant. Ne le niez pas, vous en avez senti, j'en suis témoin moi-même.

L'Athée. Témoin ? de quoi, s'il vous plait ?

L'Etudiant. Je suis témoin, que votre propre Conscience vous dément, quand vous avez l'impieté de nier l'existence de ce Dieu qui vous a créé; il vous a été impossible de me le cacher; je m'en suis très-bien apperçû, en vous serrant la main.

L'Athée. Vous plaisantez, je crois; vous avez là une belle méthode de prénetrer dans les Consciences, & de juger de ce qui se passe

* *L'Etudiant lui serre la main pendant qu'il lit.*

passe dans l'Esprit des gens ? Vous pourriez bien vous tromper, Monsieur l'habile homme, & vous courez grand risque d'être un faux témoin.

L'Etudiant. Avouez la dette mon cher Ami, vous tâchez en vain à vous déguiser; vous venez de trahir les sentimens les plus secrets de votre cœur, je le sai, j'en suis convaincu.

L'Athée. J'ai trahi mes sentimens ! que voulez-vous dire par là ! vous êtes bien obscur dans vos expressions.

L'Etudiant. Ne vous ai-je pas dit; que je voulois vous regarder en face; pendant que vous feriez cette Lecture. J'ai penetré dans votre Ame par vos yeux effarez. Je vous ai vû pâlir en prononçant le mot de *Dieu*; tous vos traits ont marqué de l'horreur, quand vous avez prononcé le terme de *Ciel.* Cette horreur venoit du sentiment que vous aviez que le Ciel n'étoit pas pour les impies comme vous. N'ai-je pas senti que les jointures de vos doigts trembloient quand vous avez lu le mot d'*Enfer.*

L'Athée. C'étoit donc là la raison pourquoi vous avez voulu me tenir la main pendant que je lisois ?

L'Etudiant. Vous l'avez devinée; j'étois persuadé qu'elle me découvriroit ce que je cherchois. J'ai été toûjours persuadé qu'un Athée sentoit un *Enfer* au dedans de lui, dans le temps qu'il osoit braver l'Enfer dont
les

les impies doivent un jour essuier toutes les horreurs.

L'Athée. Votre maniere de parler setoit seule capable d'effrayer quelqu'un ; mais dites-moi, je vous prie, comment pouvez-vous parler d'une maniere si décisive d'une chose, sur laquelle il est impossible d'avoir la moindre certitude ?

L'Etudiant. Je vous conjure de ne pas accumuler peché sur peché, confessez moi naturellement, que ma découverte est véritable.

L'Athée. Eh mêlez vous de vos affaires, Monsieur, * Depuis quand êtes vous mon Pere Confesseur, s'il vous plait ?

L'Etudiant. Ne vous fâchez pas contre un de vos Amis qui ne cherche que votre bien ; ou du moins, profitez de ce qu'il vient de vous dire & fâchez-vous tant qu'il vous plaira.

L'Athée. Le moyen de profiter de ce que vous dites ! tout cela est si vague, & si général, que je n'en conçois pas le but.

L'Etudiant. Le but de tout ce que je vous ai dit est de vous faire éviter un malheur éternel. Les vers, que je vous ai fait lire, m'ont paru si conformes à votre situation, que je souhaitois que vous les vissiez avant même que la Providence vous ait envoyé dans cette boutique. Je m'iginois que cette réflé-

* *Il marque ici quelque dépit.*

réflexion sur l'Athéïsme étoit si naturelle & si forte qu'étant secondée par la voix secrette de cet Etre, qui seul peut toucher le cœur, pourroit être un bon moyen pour ouvrir les yeux de votre Entendement.

L'Athée. Que voudriez-vous donc que je visse !

L'Etudiant. Quelque chose, que vous voyez déja en partie, j'en suis sûr, quoique je m'apperçoive que vous lutez de tout votre pouvoir contre une vérité, dont vous sentez toute la force.

L'Athée. Expliquez-vous clairement à la fin ; qu'est-ce que c'est que ce *quelque chose*, dont vous me parlez ?

L'Etudiant. J'entends par là le sens du quatrain, que vous venez de lire ; & que vous commencez à voir que peut-être y a-t-il un *Dieu*, *un Ciel*, *un Enfer*.

L'Athée. Que sai-je. * Peut-être bien.

L'Etudiant. Je remarque avec satisfaction que vôtre cœur commence à être touché ; le doute doit être le chemin de *l'Examen & de la conviction*. Les deux derniers vers que vous avez lus, sont très-propres à vous y porter.

---

* *L'Etudiant voit paroître quelques larmes dans les yeux de son ami.*

Examine, ou trop tard diffipant ton erreur,
L'afreufe Verité te remplira d'horreur.

L'Athée. Comment voulez-vous, que je m'y prenne pour examiner ces fortes de chofes.

L'Etudiant. Ce n'eft pas ce dont il s'agit à prefent ; il me fuffit de vous mettre dans la difpofition d'examiner. Je ne veux que vous perfuader d'écouter la voix de votre propre Confcience. Si vous le faites avec attention & avec impartialité, vous prononcerez d'abord votre fentence vous-même ; vous conviendrez que vous êtes coupable.

L'Athée. Coupable de quoi ?

L'Etudiant. D'avoir agi contre les lumieres de la Nature, de la Raifon, & même du Sens-commun ; d'avoir renié un Dieu dont vous refpirez l'air, à qui apartient la Terre fur laquelle vous marchez, un Dieu qui vous donne la nourriture & le vêtement ; un Dieu dont la bonté vous fait vivre, & dont un jour la Juftice vous jugera

L'Athée. Je ne nie pas tout cela abfolument ; je vous l'ai déja dit ; je n'en fai rien ; il n'eft pas tout-à-fait impoffible *qu'un Dieu exifte.*

L'Etudiant. Ofez-vous dire que vous n'en connoiffez que la poffibilité ? Ah, mon cher Monfieur, ceffez de réfifter à la force d'une verité fi importante. *Croyez-moi, il y a*

un Dieu, je vous en suis garant.

L'Athée. Vous m'effrayez.

L'Etudiant. Vous n'avez pas tort d'en être effrayé.

L'Athée. Vous ne me comprenez pas, ma frayeur vient de tout une autre cause, que celle que vous pensez. Je suis frapé d'un étonnement extraordinaire, & vous ne le seriez pas moins, si vous étiez à ma place.

L'Etudiant. Comment donc? Expliquez-vous.

L'Athée. Dites-moi, je vous prie, avez-vous été aujourd'hui dans quelque endroit où l'on ait prononcé les mêmes paroles, que vous venez me dire d'un ton si ferme?

L'Etudiant. Non pas que je sache.

L'Athée. Quoi, n'étiez-vous pas dans la chambre de Monsieur.... nôtre ami commun, il y a environ une demi-heure?

L'Etudiant. Je n'y ai pas mis le pied depuis un mois entier. Il a déja du temps que je cesse de le voir, & que je ne fréquente point du tout ceux qui sont de cette bande.

L'Athée. Tout de bon, ne l'avez-vous pas vû aujourd'hui? Mais quand vous l'avez vû la derniere fois, ne vous a-t-il pas dit ces mêmes paroles; ou bien ne les lui avez-vous pas dites?

L'Etudiant. Je ne l'ai pas vu, vous dis-je, chez lui, depuis plus d'un mois. La derniere fois, que je le vis, c'étoit dans une compagnie, où vous fûtes vous-même, &

où

où vous tintes des discours si impies & si pleins de blasphêmes, secondé par votre digne ami, que je pris la résolution d'éviter votre compagnie; & c'est le souvenir de ces mêmes discours, qui m'a fait penser à vous en lisant ces vers. Il me semble, qu'ils devroient vous conduire à la découverte de la Verité, & que naturellement il faut que vous vous persuadiez, que la Providence vous a envoyé ici, pour y recevoir cet avertissement salutaire.

L'Athée. A vous parler franchement, il y a quelque chose de surnaturel, dans tout ce qui m'est arrivé cette après-dînée.

L'Etudiant Si vous vouliez bien m'en communiquer toutes les particularitez, je pourrois vous en dire mon sentiment. Mais vous voyez bien qu'il m'est impossible de les deviner.

L'Athée. Ne me questionnez pas davantage; il doit y avoir dans la Nature un *Dieu* ou un *Diable*; j'en suis convaincu. *

L'Etudiant Ils existent l'un & l'autre, mon cher ami, soyez-en sûr; mais calmez les troubles de votre Esprit, je vous en conjure; ne regardez pas cette verité avec horreur; qu'elle vous soit plûtôt une source de consolation, & d'esperance.

L'Athée. Il faut de nécessité que l'un ou l'au-

---

* Il a l'œil égaré, & tout son air marque de l'étonnement & de la frayeur.

l'autre de ces Etres se soit mêlé de ce qui m'est arrivé aujourd'hui. C'est un jour bien extraordinaire pour moi.

L'Etudiant. Si les incidens, dont vous parlez, ont quelque relation avec ce que je viens de vous dire, il vous seroit peut-être utile de m'en faire le recit ; peut être cette ouverture de cœur servira-t elle à tranquiliser les pensées qui semblent exciter tant de troubles dans votre ame. Vous ne sauriez jamais vous ouvrir à une personne qui s'interesse avec plus de zele dans tout ce qui vous regarde, quoique peut-être elle n'aît pas l'habilité nécessaire pour vous procurer tout le bien qu'elle vous souhaite.

L'Athée. J'étoufferois, si je ne vous le racontois pas. §

§ *Ici il lui dit tout ce qui lui étoit arrivé à la porte de la chambre de son ami ; & lui raconte, qu'il y avoit entendu les mêmes paroles qui venoient de le fraper si fort ; ensuite il continuë ainsi :*

L'Athée. Dites-moi à present, je vous en conjure, quel Etre peut vous avoir poussé l'un & l'autre, à me dire précisément les mêmes mots ?

L'Etudiant. Qu'en pensez-vous vous-même ? Parlez moi franchement.

L'Athée. Il me semble que ce doit être le *Diable*, s'il est vrai, qu'il existe.

L'Etudiant. Le *Diable* ! Quoi vous pouvez vous mettre dans l'Esprit, que le *Diable* prêche

prêche la repentance. Songez-y sérieusement; je vois à tout vôtre air que ce que je viens de vous dire vous touche, & vous saisit. Est-il naturel, que le Diable nous inspire l'un & l'autre, de travailler à votre conversion ? Est-il naturel qu'il veuille vous convaincre de l'existence de Dieu ? Y a-t-il rien de plus directement contraire à ses interêts que d'établir cette verité dans l'esprit des hommes ?

L'Athée. Vous avez raison, je ne saurois qu'en tomber d'accord.

L'Etudiant. Il faut pourtant qu'à un seul égard je plaide la cause du Démon ; il est certain qu'il n'a jamais poussé le crime & l'extravagance, aux mêmes excès, où vous les portez vous autres. Il a eu souvent l'insolence de s'ériger en Divinité, & de se faire adorer de certains Barbares aveuglez par la plus grossiere ignorance, à la place du vrai Dieu ; mais il n'a jamais été assez impudent pour nier l'existence de son Créateur ; c'est un crime d'invention humaine, enfant favori du Bel-Esprit moderne. Les *Esprits forts* l'ont *engendré* pour donner une liberté entiere à leurs inclinations vicieuses, & pour se débarrasser de l'idée affreuse d'un jugement à venir. On peut dire qu'à cet égard ils l'ont emporté en méchanceté sur le Diable même.

L'Athée. Je crains bien que vous ne diiez la verité.

L'Etudiant. Allons, mon cher Ami, faites quelque effort de plus, pour vous mettre en état de profiter de la verité, que vous venez de découvrir.

L'Athée. Le moyen d'en profiter, quand on a poussé l'impieté aux derniers excès ?

L'Etudiant. Souvenez-vous, je vous prie, de ce que *Saint Pierre* dit à *Simon* le Magicien.

L'Athée. Qu'est ce qu'il lui dit, je vous prie ?

L'Etudiant. Repens toi donc de ta malice, & prie Dieu, afin que s'il est possible, la pensée de ton cœur te soit pardonnée.

L'Athée. Cela ne me regarde pas, les derniers vers de vôtre quatrain le prouvent évidemment.

—— Trop tard dissipant mon erreur,
L'afreuse Verité me donne de l'horreur.

L'Etudiant. Souvenez-vous de grace, que vous avez dit tantôt, que les *Paroles* dont il est question doivent venir de *Dieu*, ou du *Diable.*

L'Athée. Eh bien, que trouvez-vous là de relatif au cas dont il s'agit ici ?

L'Etudiant. Ne m'avez-vous pas avoué, qu'elles ne pouvoient pas procéder du Démon ?

L'Athée. Mon sort en est il plus heureux, si elles viennent d'un Dieu dont je me suis fait un ennemi irréconciliable ?

L'Etudiant. Supposé qu'elles viennent de
Dieu

Dieu, & qu'il les a inspirées à deux hommes qui ne s'étoient pas donnez le mot pour cela; pouvez vous croire qu'un Etre infini en bonté, & en sagesse vous ordonneroit de vous repentir, s'il étoit trop tard pour le faire ? S'il étoit votre ennemi irréconciliable, s'interesseroit il dans vôtre salut ? Non, non, mon ami, il en est temps encore. Vous croyez que c'est Dieu, qui vous a parlé par ma bouche, & par celle de nôtre ami, vous n'avez qu'à l'écouter, à ne point endurcir votre cœur, & à faire tous vos efforts pour mettre ses avertissemens à profit.

L'Athée. Vous avez une force de persuasion, à laquelle il m'est possible de résister.

L'Etudiant. Je fais seulement sortir la persuasion de vos propres lumiéres.

L'Athée. Je suis convaincu à present, que je suis un monstre d'impieté.

L'Etudiant. Parlez moi à cœur ouvert, est-ce la premiere fois de votre vie, que vous vous sentez cette triste conviction ?

L'Athée. Je vous avouë que toutes les fois que j'ai prononcé des blasphêmes, & que j'ai soutenu les opinions affreuses, que mes amis m'ont communiquées, j'en ai fremi moi-même, mon sang s'est glacé dans mes veines, & j'ai regardé ce que je venois de dire, avec horreur.

L'Etudiant. Je vous proteste que j'ai senti trembler votre main quand vous avez lû ces paroles, *Dieu, le Ciel, l'Enfer.*

L'A-

L'Athée. Je le confesse, & je vous dirai que j'ai tressailli en prononçant cet affreux terme, *peut être*. Mon cœur me répondit d'abord que ce n'étoit pas un *peut être*, que ces choses étoient réelles, & qu'elles ne pouvoient qu'exister.

L'Etudiant. La conscience ne manque jamais de plaider la cause de celui qui l'a établie dans nôtre ame comme sa *Vice-Reine*.

L'Athée. C'est un terrible plaidoyé pour moi, & je n'en dois attendre que le plus affreux succès.

L'Etudiant. Non, non, ce plaidoyé ne ne fera que vous convaincre de la Vérité, & vôtre repentance en sera le succès, à ce que j'espere.

L'Athée. La repentance n'est pas toûjours la suite de la conviction.

L'Etudiant. Vous devez bien distinguer ici entre les sentimens qui vous viennent du Ciel, & ceux qui ont leur source dans l'Enfer, entre la voix de Dieu & la voix de Satan. La premiere vous porte à la penitence, & la derniere vous inspire le desespoir.

L'Athée. Le desespoir me paroît être une conséquence naturelle de l'Atheïsme, qui bannit de nos pensées la seule Puissance capable de nous garantir de cette situation affreuse.

L'Etudiant. D'autant plus devez-vous admirer la bonté de cet Estre, qui ne veut pas être banni de vôtre ame, & qui vous avertit ît de vous repentir, par des moyens si extraordinaires. Vous avez été son ennemi déclaré, un Athée, un Blasphémateur; il ne se rebute pas par les efforts que vous avez faits pour vous perdre. Saint *Pierre* renia JESUS-CHRIST jusqu'à trois fois; la derniere fois même, il confirma son impiété par des sermens, mais dans le moment le Seigneur jetta les yeux sur lui, & Saint *Pierre* se repentit.

L'Athée. Mon crime est plus horrible que celui de Saint *Pierre*.

L'Etudiant. Vous voyez pourtant, que le Ciel vous appelle à la repentance.

L'Athée. Et vous, vous êtes apellé à être l'instrument de ma repentance; il n'y a pas moyen de résister à vos preuves.

L'Etudiant. Ainsi soit-il, plû à Dieu que je fusse l'instrument d'une si bonne œuvre! Je le croirois presque, tant je trouve de choses surprenantes dans tout ceci.

L'Athée. Je n'y vois rien que d'extraordinaire; qu'est-ce qui m'a déterminé à entrer dans cette Boutique?

L'Etudiant. Et qu'est-ce qui m'a déterminé moi à venir ici, à saisir ce Livre, à jetter les yeux sur ces Vers, à vous en faire l'application, & à rechercher vôtre entretien, dont j'avois tant d'horreur? Rien de plus surprenant, que ce concours de circonstances.

L'Athée. Par quelle direction suis-je justement

ment venu ici dans ce moment là. Pourquoi mes diſtractions m'ont-elles détourné ſi à propos du chemin, que je devois prendre pour aller à ma ſocieté; *a Certainement il y a un Dieu*, j'en ſuis convaincu, j'en ſuis pénetré, il eſt contradictoire qu'il n'exiſte pas.

L'Etudiant. Il n'y a rien de plus certain & il eſt indubitable qu'il a ménagé ce concours extraordinaire de circonſtances, pour vous tirer de vos égaremens.

L'Athée. Il y a encore ici d'autres myſteres à développer; je voudrois bien que vous vouluſſiez me ſuivre à la chambre de nôtre ami Monſieur .... je ne doute pas que quelque choſe d'extraordinaire ne lui ſoit arrivé auſſi.

L'Etudiant. De tout mon cœur *b*.

L'Athée. Eh bien nôtre ami, vous n'êtes plus dans cette humeur bruſque, où je vous ai trouvé quand je vous ai vu la derniere fois; vous me ferez une meilleure réception, j'eſpere.

Le Malade. Véritablement, quand je vous vis la derniere fois, j'étois poſſedé du Diable, comme vous l'étiez auſſi; mais j'ai bien réſolu de ne jamais remettre le pied dans cet horrible endroit.   *L'Etu-*

a Il dit ces paroles en levant les mains au Ciel.

b Ils vont enſemble à la chambre de l'Etudiant, qui avoit été ſi effrayé par un coup de tonnerre; ils le trouvent dans une grande agitation, mais aſſez porté à s'entretenir avec eux.

L'Etudiant. De quel horrible endroit parlez-vous?

Le Malade. Vous ne savez que trop ce que je veux dire; je fremis quand je songe à cet endroit, & encore plus quand je pense à la compagnie, qui s'y assemble; je voudrois bien pouvoir vous persuader, de n'y pas retourner non plus. Pour moi si je me connois bien moi-même, & si Dieu veut continuer à me soutenir par sa grace, j'aimerois mieux être brûlé tout vif, que de fréquenter encore de si abominables gens.

L'Etudiant. Je suis charmé, Monsieur, du changement, que je remarque en vous; vôtre ami que voici, est dans les mêmes sentimens, & je prie Dieu de vous y conserver l'un & l'autre.

L'Athée. Je vous prie de me communiquer les motifs de ce changement; je serai toûjours surpris comment vous avez pû travailler à ma conversion, jusqu'à ce que je sache les motifs de la vôtre.

L'Etudiant. Je suis charmé, Monsieur, du changement, que je remarque en vous; vôtre ami que voici, est dans les mêmes sentimens, & je prie Dieu de vous y conserver l'un & l'autre.

L'Athée. Je vous prie de communiquer les motifs de ce changement; je serai toujours surpris comment vous avez pû travailler à ma conversion, jusqu'à ce que je sache les motifs de la vôtre.

Le Malade. Ma conversion vient directement du Ciel. La lumiere qui environna S. *Paul* sur le chemin de Damas ne le frapa point plus vivement que celle, qui m'a ébloüi cette après-dînée. Il est vrai qu'elle n'étoit pas accompagnée de quelque voix du Ciel; mais je suis sûr qu'une voix secrette a parlé efficacement à mon Ame; elle m'a fait comprendre que j'étois exposé à la colere de ce *Pouvoir*, de cette *Majesté*, de ce *Dieu*, que j'ai renié auparavant, avec toute l'impieté imaginable.

L'Etudiant. Hé je vous prie, Monsieur, racontrez-nous toutes les particularitez d'une si grande merveille; il n'y a rien qu'on ne puisse sçavoir, selon toutes les apparences.

Le Malade. Je le ferai trés-volontiers, & je croi même, qu'il est de mon devoir de ne vous en rien cacher.

L'Athée. A l'heure qu'il est, je ne m'étonne plus de ce que vous m'avez dit à vôtre porte, lorsque je venois vous prendre pour vous mener à nôtre Société.

Le Malade. Qu'est ce donc que je puis vous avoir dit?

L'Athée. Quoi! il ne vous souvient pas de ce que vous m'avez dit, quand j'ay heurté à vôtre chambre, il y a environ deux heures.   *Le*

Il fait ici le recit de tout ce qui lui étoit arrivé en voulant aller à l'Assemblée.

Le Malade. Vous avez heurté à ma chambre & je vous ai parlé moi ?

L'Athée. A quoi sert-il d'en faire mystere ; j'ai raconté toute l'Histoire à nôtre ami, que voici.

Le Malade. Je ne sai pas ce que vous voulez dire.

L'Athée. N'en faites pas le fin, je vous en prie, je ne suis plus choqué de vôtre compliment ; je vous en rends graces p'ûtôt, & je le considere, comme un discours qui vous a été inspiré par le Ciel. Je puis même vous assurer, qu'il a servi à introduire dans mon Ame le flambeau de la Verité qui ne s'éteindra jamais, à ce que j'espere.

Le Malade. Je croi mon cher ami, que vous parlez sérieusement, & vous m'obligerez en croyant, que je parle de même, en vous assurant que je n'entends rien à tout ce que vous venez de me dire.

L'Athée. Comment ! vous ne m'avez pas vû à la porte de vôtre chambre cette après-midi, immédiatement après cette grande pluie.

Le Malade. Je vous proteste que non,

L'Athée. Quoi ! n'êtes-vous pas venu m'ouvrir vous-même ? ne m'avez-vous pas parlé ? & ensuite n'avez vous pas fermé la porte d'une maniere fort brusque ?

Le Malade. Non pas aujourd'hui, j'en suis très-sûr.

L'Athée. Suis-je éveillé, l'êtes-vous ;

Monsieur ? vivons nous tous tant que nous sommes ? avons-nous nôtre bon sens, & savons nous ce que nous disons ?

Le Malade. Eh, je vous prie, Monsieur, tirez-nous d'un embarras, qui me surprend infiniment.

L'Athée. Je vous dirai, que très-assurement j'ai été à vôtre porte cette après-dînée à trois heures; j'y ai frapé; vous m'êtes venu ouvrir vous-même; j'ai voulu vous parler vous m'avez interrompu.

Le Malade. Soyez sûr que ce n'est pas moi qui vous ai parlé ; c'étoit certainement quelque voix du Ciel, je n'ai été à la porte de ma chambre qu'à deux heures cette aprés-midi, quand je suis rentré chez moi. Depuis ce moment, j'ai été toûjours dans mon lit, ou dans mon Cabinet, toûjours occupé de mes réflexions, & fort indisposé. *

Ce n'est pas encore là la fin de cette Histoire, mais je m'étendrois trop en voulant en raporter toutes les particularitez; j'en ai dit assez pour satisfaire à mon but, & pour en tirer des conséquences, qui ont du raport à mon sujet.

1. On

---

* *Ici il lui raconte tout ce qui lui étoit arrivé avec le parent de son ami, qu'il avoit pris pour son ami lui même, les reflexions que les paroles, dont j'ai fait mention, avoient fait naître dans son esprit &c.*

* *Ici l'Athée devient pâle & tombe en foiblesse.*

1. On voit ici une preuve évidente, que l'existence d'un Dieu est tellement imprimée dans nôtre Ame, que l'Athée le plus endurci est incapable de l'en effacer entierement. La nature y repugne, & quand il s'efforce à la braver, le mouvement de son propre sang lui donne le démenti.

2. Nous voyons dans cette Histoire jusqu'à quel point l'Imagination peut être frapée par un pouvoir inconnu, qui fait faire un surprenant assemblage d'un grand nombre de circonstances qui concourent à produire cet effet ; tout tendoit à persuader à ce jeune homme, qu'il avoit vû une aparition, & qu'il avoit entendu une voix du Ciel, quoiqu'il n'y ait pas la moindre réalité ; il étoit tellement surpris d'entendre son ami lui protester que ce n'étoit pas lui qui lui eût parlé, qu'il en devoit conclure nécessairement, que c'étoit un *Messager de Dieu*, qui lui avoit ouvert la porte, & qui l'avoit exhorté à la repetance. L'agitation que cette idée excitoit dans son cœur étoit la cause de sa défaillance subite, & cependant il n'y avoit rien que de naturel dans tout ce qui lui étoit arrivé.

Il ne faut pas douter, que plusieurs aparitions, dont on prétend avoir été témoin occulaire, & qui ont produit les meilleurs effets n'ayent été d'une même nature, & n'ayent tiré tout de même leur origine, d'une méprise heureuse.

Il est bon pourtant d'observer, que quand même nous découvririons de pareilles erreurs, nous ferions très mal d'effacer les premieres impressions, qu'elles auroient fait dans nos esprits. Plusieurs *Voix* peuvent nous venir de la part de Dieu, sans descendre du Ciel immédiatement. C'est ainsi que les Enfans, qui crierent *Hosanna* à nôtre Sauveur, accomplirent, sans le savoir, les Ecritures qui avoient prédit, qu'il seroit glorifié par la bouche des *Enfans & des Nourriçons*. Celui qui a créé & qui dirige toutes choses, peut tellement menager les circonstances qu'il en sorte des instructions aussi utiles pour nous, & aussi efficaces que si elles nous étoient données d'une maniere miraculeuse.

C'est ainsi qu'il faut considerer, les deux personnes, qui dirent les mêmes paroles à nôtre Athée & les vers, qui avoient frapé l'esprit de l'Etudiant, justement lorsque son *impie Camarade* entra dans la boutique du Libraire, pour se mettre à l'abri de la pluie.

Il faut juger précisément de ce concours de circonstances, comme du coq qui chanta, quand Saint *Pierre* renia son Maître; il n'y avoit là rien que de naturel; il est très-ordinaire qu'un coq chante à l'aproche du jour, mais ce qu'il y avoit de merveilleux, c'est que cet animal concouroit à accomplir la prédiction, que le Rédempteur

teur avoit faite à ce Diciple trop sûr de ses propres forces.

En un mot des accidens pareils sont d'une grande force pour nous convaincre de l'influence de la Providence Divine, dans les affaires humaines, quelque petites qu'elles soient en aparence, de l'existence d'un *Monde invisible*, & de la réalité du commerce des *Intelligence pures*, avec les Esprits enfermez dans des corps. J'espere que je n'aurai rien dit sur cette matiere délicate, qui soit propre à faire donner mes Lecteurs dans des fantaisies absurdes, & ridicules. Je puis protester du moins, que je n'en ai pas eû le dessein ; & que mon intention a été uniquement d'exciter dans les cœurs des hommes des sentimens respectueux pour la Divinité, & de la docilité pour les avertissemens des *Bons Esprits*, qui s'interressent dans ce qui nous regarde.

Fin du sixième Tome.

TABLE DES CHAPITRES

Contenus au sixiéme Tome.

Des differens sentimens en matiere de Religion. 1
De l'excellence merveilleuse de la Religion & de la Vertu négative. 20
CHAP. V. De la nécessité d'écouter la Voix de la Providence. 42
CHAP. VI. De la Proportion qu'il y a entre le Monde Chrétien & le Monde Payen. 96
VISION DU MONDE ANGELIQUE. 114

Fin de la Table du sixiéme Tome.

www.ingramcontent.com/pod-product-compliance
Lightning Source LLC
Chambersburg PA
CBHW050323170426
43200CB00009BA/1431